中华历史名城

李燕　罗日明　主编

应急管理出版社
·北京·

图书在版编目（CIP）数据

中华历史名城／李燕，罗日明主编．－－北京：应急管理出版社，2024

ISBN 978－7－5237－0032－7

Ⅰ．①中…　Ⅱ．①李…　②罗…　Ⅲ．①文化名城—介绍—中国　Ⅳ．①K928．5

中国国家版本馆 CIP 数据核字（2023）第 222161 号

中华历史名城

主　　编　李　燕　罗日明
责任编辑　郭浩亮
封面设计　薛　芳

出版发行　应急管理出版社（北京市朝阳区芍药居 35 号　100029）
电　　话　010－84657898（总编室）　010－84657880（读者服务部）
网　　址　www. cciph. com. cn
印　　刷　艺通印刷（天津）有限公司
经　　销　全国新华书店

开　　本　710mm×1000mm $^1/_{16}$　**印张**　10　**字数**　84 千字
版　　次　2024 年 1 月第 1 版　2024 年 1 月第 1 次印刷
社内编号　20221665　**定价**　39. 80 元

序言

城市与人类的发展紧密相关，城市的发展史也是人类的发展史和文明史。城市随着人类文明的进步逐渐衍生出来，并成为人类历史文化的重要载体，在历史的发展进程中发挥着不可估量的作用。

那些有浓厚历史文化根基的城市历经千年风雨而屹立不倒，经过时间淘洗而沉淀下来的历史遗迹与文化遗存，使其形成独具特色的城市魅力，这对于我们来说，更是一笔宝贵的财富和民族文化自信的根基。因此，对于历史文化名城的保护势在必行，保护它们就是保护中华民族的历史和文化。

古人对于历史文化名城的保护意识十分欠缺，对一些古城和古建筑肆意损毁，如项羽烧毁阿房宫、董卓烧毁洛阳城、赵光义烧毁晋阳城等。加之在乱世时期，统治者为争夺领地不断发动战争，使城市的兴衰交替更加频繁，甚至繁华百年的几朝古都也都在战火中毁于一旦。

中华人民共和国成立之后，社会稳定，人们对于历史文化名城的保护意识也逐渐加强。以梁思成先生为首的学者们率先提出了对中国历史文化名城进行整体保护的建议。随着经济的不断发展，城市新建设的扩张，历史文化名城的保护便与城市建设发展产生了矛盾。一些城市为了发展经济建设，不惜破坏历史遗迹。为了改变这一现状和加强对历史遗迹的保护，历史文化名城保护应运而生。之后，国务院确定了 100 多个历史文化名城。

本书以“中华历史名城”为主题，介绍了我国 38 个具有代表意义的历史文化名城，分别为历代王朝都城 9 个、古代经济重镇 12 个、古代文化重镇 11 个，以及著名战役发生地 6 个。在简述历史文化名城源流演变的同时，也对其具有代表性的历史和文化进行详细阐述。让读者在了解一座古城发展的同时，又能体会到其别具一格的文化魅力。

目录

第一章　古代的城市文化

第二章　历代王朝都城

第三章 古代经济重镇

第四章 古代文化重镇

第五章　著名战役发生地

第一章

古代的城市文化

一、从聚落到城邑

聚落，是“人类聚居和生活的场所”，既是人类进行居住、生活、休息和各种社会活动的场所，也是人类进行生产劳动的场所。随着文明的诞生与演变，聚落逐渐发展成城邑，也就是古代的城市。

上古时期，先民们群居在一起，过着猎、牧、渔、耕的原始生活。当时人类力量弱小，自然力量强大，野兽数量多，为躲避自然灾害以求生存，先民们逐渐聚集到一起，选择气候温暖舒适、土地平坦肥沃、水源充足的地方进行耕作劳动，这便构成了人类的居住地——原始聚落。

黄河文明的发祥地——中国黄河中下游流域有很多原始的聚落。这里气候温暖湿润适合生活，土地平坦肥沃适合耕作，资源丰富充足适合人类生存。

随着社会的不断发展，人类进入了文明时代，人们开始在聚落建城池、建宫室、习文字、习礼仪，不断吸收兼并其他聚落，发展政治、经济和文化，于是聚落逐渐演变为城邑。

有史料记载，鲧是最早发明筑城技术的专家。《世本·作篇》记载“鲧作城郭”;《吴越春秋》记载“鲧筑城以卫君，造郭以守民，此城郭之始也”。后一句话是说鲧最早筑城是为了“卫君”和“守民”。考古研究发现，距今约 7000 年时，我国南北各地都出现了在集中居住地周围修建壕沟和围墙设防的环壕聚落。早期的城邑就起源于这种环壕聚落。在距今约 5000 年的仰韶文化晚期，我国古代居民的居处形态开始从环壕聚落逐渐过渡到早期城邑。

早期城邑的规模一般都比较小，职能单一且数量不多，又由于当时通信不发达，导致城邑之间的联系也不多。周朝时期，出现过两次城邑建设高潮。第一次高潮出现在西周初期，周王实行分封制，被分封的诸侯来到封地之后，纷纷在封地范围内建城，导致各诸侯国的都邑大增。第二次高潮出现在春秋战国时期，这一时期各诸侯国为满足发展需要，打破了周朝按宗法分封建设城市的体制，按照自身需求来建设新城或改造旧城。

隋唐时期，我国的社会经济发展达到新的高峰，城市发展随之也进入一个新的阶段。此时的城市规模不断扩大，布局更加严整，工商业更加发达，并形成了政治、军事、文化中心与经济中心相分离的局面。

到了宋代，又出现了大量新兴城市，如工商型城市、商业型城市、手工业型城市，这些城市发展快速且日益繁荣。至明清时代，城市多集中在沿江、沿海、沿交通线的地带。

二、古代城市的分类方法

“市”，最初是人们临时交换产品的场所，后来越来越多的人在市的周围聚居，市便由临时性的场所变为固定的场所。繁荣的集市，往往能带动当地的经济发展，成为统治者的必争之地。争得土地的统治者便在此围市筑城，于是集市与城邑合二为一，演变为城市。

城市是人类文明的集中地，是伴随着社会生产力的发展和科学技术的进步而出现的。中国古代城市是在不同时代背景和经济发展的影响下形成的，不同的城市不仅表现出不同的特征，还表现出不同的发展趋势。中国古代城市根据起源方式可以分成五种类型。

第一类，由中央及地方政权所在地发展、形成的城市，如秦咸阳城、汉唐长安城、宋汴京城、明清北京城等。这类城市是政治经济中心，通常都是在被作为都城之后短期内迅速发展起来的，皇亲宗族与朝廷官员占城市人口的很大一部分，宫室官府等是城市的主要建筑。但是这类城市的选址受统治和战争的影响，易被战火毁坏。

第二类，由军事驻扎地发展演化而来的城市，一开始是军事堡垒和军事重镇，后来逐渐发展为城市，如武威、张掖等。这类城市一般位于各朝代统治疆域的边陲，最初统治者会在此设置边防城堡，驻军把守，为了专门满足驻军的需要还会设立军市。而后随着战争的胜利，统治者会迁徙大规模的人口到此地，屯田垦荒发展商贸，城市也因此兴起。这类城市一般都不稳定，受战争影响很大，但依旧会有一小部分城市因疆域不断扩张，逐渐成为长期稳定的军事重镇或者因位于重要商路而成为经济重镇。

古代边陲

第三类，由大规模人口迁移而逐渐发展起来的城市，如南宋迁都临安时，大量随迁人口使绍兴、扬州、苏州等地在原有的基础上得到了进一步发展。这类城市的人口密度较大，官衙与民居相杂。由于人口增加，导致需求增加，为满足发展的需求，城市商业会随之逐渐繁荣。城市便逐渐发展成为地区的经济中心。

第四类，在交通要道上发展起来的城市，这类城市一般位于重要交通要道的交会点及沿线，或是位于重要的商品转运站及港口。如丝绸之路的开通及繁荣，就带动了沿线敦煌等城市的发展。又如隋朝时期开通的京杭大运河，成为当时国内各种商品流通的重要水上通道后，便带动了一大批运河沿岸城市的快速发展，如淮安、扬州、苏州、杭州等。

第五类，由商业及手工业发展而形成的城市，如烧制瓷器的景德镇等。明清时期，江南地区的手工业及商业迅速发展，开始出现一些大规模的私营手工作坊。这些私人作坊通常较为活跃，极大地促进了各种商业经济活动的开展，从而使城市内的商业更加兴盛。这类城市经济基础雄厚，城市布局多围绕经济活动中心形成城区，居民以商人和手工业从业者为主。

三、国家历史文化名城的确定

中国是历史悠久的文明古国，城市的起源和发展都很早。随着各朝各代的历史发展，各具特色的城市不断涌现。这些城市不仅集中体现了悠久历史、灿烂文化和光荣传统，更是留给后人的宝贵财富。

1949 年 3 月，我国最早提出把城市作为历史文化遗产来进行保护；新中国成立初期，梁思成先生等专家学者提出了对中国历史城市进行整体保护的建议，但在当时的历史条件下未能得到贯彻实施。

到 20 世纪 70 年代末 80 年代初，随着改革开放政策的实行，城市经济迅猛发展，城市建设和历史遗迹保护之间的矛盾日益突出。经济建设的发展要求城市的规模不断扩大，但一些地方在进行城市规划和建设过程中不注重保护历史文化古迹，致使一些古建筑、遗址、墓葬、名胜等遭到了不同程度的破坏。

在这种情况下，国家基本建设委员会、国家文物事业管理局、国家城市建设总局向国务院提交了《关于保护我国历史文化名城的请示》。后来，一些专家又在此基础上提出应当从城市整体上采取保护的措施，于是“历史文化名城保护”的概念应运而生。1982 年 2 月，国务院转批了有关历史文化名城的请示，公布了首批 24 个国家历史文化名城，北京、南京、杭州、洛阳、开封、西安六大古都全部在列，大同、景德镇等历史悠久的城市也在列。同年 11 月出台的《中华人民共和国文物保护法》明确将保存文物特别丰富并且具有重大历史价值和革命纪念意义的城市公布为历史文化名城，标志着国家历史文化名城制度的设立。

1986 年，国务院公布了第二批国家历史文化名城，安阳、南阳、襄樊（现名襄阳）、沈阳等 38 个城市上榜。1994 年，又公布了第三批历史文化名城，咸阳、岳阳、郑州、赣州、都江堰等 37 个城市上榜。2001 年至今，国务院又陆续补增了40座城市作为国家历史文化名城。

在选择历史文化名城时，一般会考虑到历史文化名城所必须具备的四个条件：第一是要有悠久的历史或是发生过重大的历史事件；第二是要有较多的历史文化遗存，如丰富的文物古迹或革命遗址；第三是要有较多的传统文化内容，如诗歌、曲艺、戏剧、工艺美术、风味食品、民俗风情、历史文化名人等；第四是这个城市长期以来一直在使用和发展着，而且今后还需要继续发展。这四个条件或者完全具备，或者大部分具备，才能构成历史文化名城。

随着保护历史文化名城的意识不断增强，许多城市纷纷争着入选历史文化名城名单，因此名城的审定标准有必要具体化和明确化。2008年4月，国务院颁布了《历史文化名城名镇名村保护条例》，对于申报历史文化名城规定了应具备的条件。

而且随着历史文化名城审定标准的清晰化，历史文化名城的申报审批也逐渐规范。由以前自上而下的专家推荐—国家发布—地方跟进保护措施，演变为由地方逐级申报，保护规划先行，先成为省级历史文化名城，方可申报国家级历史文化名城，形成了一套规范的程序。

四、保护历史文化名城的意义

历史文化名城经历了千百年的沧桑变化，具有独特的文化价值。保护历史文化名城是一项重要的文化遗产保护工作，不仅能保护历史文化遗产，还能促进经济发展和文化旅游。

保护历史文化名城，目的是保护历史文化名城的自然环境风貌、古城市遗址、历史文化遗址、民俗文化等。这些都是中华文明的重要内容，也是中华民族的宝藏，它们一旦被破坏，便很难再生和修复。因此，保护历史文化名城意义重大。

对于历史文化名城的保护，不能从单一方面或者内容着手进行，应该从整体出发，“硬件”要保护，“软件”更要保护。目前我国关于历史文化名城保护的全国性法律主要是《中华人民共和国文物保护法》和《中华人民共和国城乡规划法》。在严格遵守法律的同时，还要遵循历史文化名城的发展规律和本质特色，更要注意保持历史文化的延续性，使之成为历史文化名城的主要精髓和发展力量。最重要的一点是要处理好“新建设”与“旧保护”的协调关系，赋予历史遗迹以新的时代特色。

在现代，保护历史文化名城除了对后世研究中华历史和中华传统文化具有重要的参考意义之外，对于普通大众了解历史和传统文化，以及现代的旅游发展也起到了极大的促进作用。

历史文化名城的历史资源和文化资源具有独特性和不可再生性，这些一旦遭到破坏，就无法恢复。历史文化名城的古代建筑、历史遗迹等都具有历史的独特性，破坏了再去仿造便失去了其本质意义。因此，历史文化名城在进行现代化发展的同时，还要处理好现实与历史的关系，不要等到这些无价之宝被毁坏之后，再想办法去弥补。

保护历史文化名城可以更好地促进旅游开发。历史文化名城是旅游业发展的内涵与灵魂，旅游是历史文化名城保护与发展的平台和载体，内涵决定载体的厚度与魅力，载体影响内涵的表述与传播。旅游的发展有助于历史文化名城更好地发挥其对后世的社会文化功能。人们通过游览历史古迹，体验传统文化的丰富内涵，可以增强民族自豪感和文化自信。

除此之外，旅游还可以推动历史文化名城的保护工作。旅游业的发展可以很好地带动城市经济的发展，而当地政府为了吸引更多的旅游者，一定会加大力度营造一个良好的旅游环境，除了注重保护城市的独特历史风貌之外，还会重视环境的保护和城市的整体规划与发展。

第二章

历代王朝都城

一、安阳

中国八大古都之一的安阳，不像北京、西安、洛阳等古都那样被大多数人所熟知，其实，安阳是中国第一个有文献可考、有确定位置且长期稳定的古都，距今已有3000多年的历史。郭沫若来安阳时，曾留下“洹水安阳名不虚，三千年前是帝都。中原文化殷创始，观此胜于读古书”的著名诗句。

安阳位于河南北部，地处河南、山西、河北三省交界，古称殷、邺城、邺郡、相州等。安阳是早期华夏文明的中心之一，国家历史文化名城，世界文化遗产殷墟所在地、世界记忆遗产甲骨文出土地，被誉为“文字之都”。历史上，先后有商朝、曹魏、后赵、冉魏、前燕、东魏、北齐等在安阳建都，所以它素有“七朝古都”之称。

商汤建立商朝的时候，最早的国都在亳（今河南商丘）。在此后300年当中，都城搬迁了几次。商朝中后期，盘庚继承王位后，为了摆脱困境，避免自然灾害，决定从奄（今山东曲阜）迁都到殷（今河南安阳）。盘庚迁殷遭到大多数贵族的反对，盘庚坚持迁都的主张，挫败了反对势力，终于带着平民和奴隶，渡过黄河，搬迁到殷，完成了迁都的计划。自盘庚迁都殷后，商朝才定居下来不再迁徙。从此，政局稳定，诸侯来朝，商朝遂强盛起来。

盘庚的继任者统治无方，商王朝的统治一度衰微。后来，武丁继位执政，在傅说等人的辅佐下，国势强盛，政治清明，百姓富庶，殷商国势达到鼎盛。故史书将武丁统治时期，称为“武丁中兴”。到公元前1046年商朝灭亡，安阳一直是中国商代晚期的政治、经济、军事、文化中心。公元前1046年，周武王伐纣灭商，这座曾经辉煌的商朝都城逐渐成为一片废墟，史称殷墟。

现代考古学家在殷墟发现了殷王宫殿、宗庙、陵墓、手工作坊等多处遗迹。15万片以上甲骨文得以出土，上面

记载了殷商王朝的政治、军事、文化、社会习俗等诸多内容。甲骨文是中国目前发现的最早、最完整的古文字，它的发现将中国有文字可考的历史推移到了4000年以前。在殷墟还出土了大量青铜器，其中重达832.84公斤的后母戊鼎，是世界古代青铜器中最大的一件。

商纣王时期，纣王将周文王姬昌囚禁在安阳境内的羑里城（今河南汤阴北）。周文王在羑里城被囚禁七年，将伏羲八卦推演出六十四卦，从而完成著作《周易》，被列为五经之首。安阳也因此成为《周易》文化的发源地。

战国时期，赵国是七雄之一，安阳也曾是赵国的重要城市。公元前423年，赵国的统治者赵武将都城迁移至中牟（今河南鹤壁），但是不久后，赵国迁都至河北邯郸。东汉末年曹操击败袁绍夺取邺城，建造邺都。后来曹操称魏王，定魏国都于此，使邺城成为当时东汉的实际政权所在地。曹丕取代汉朝之后，迁都洛阳，又将邺城作为陪都。其实邺城在魏晋南北朝时期是一座富饶繁盛的城市，因此先后有曹魏、后赵、冉魏、前燕、东魏、北齐建都于此。

550年，高洋称帝，国号齐，改元天保，建都邺城（今河北临漳西南），史称北齐。历经文宣帝高洋、废帝高殷、孝昭帝高演、武成帝高湛、后主高纬、幼主高恒六帝，于 577 年被北周攻灭。北周武帝惊叹于邺城的壮丽，为了崇尚节俭，命人拆毁了王宫等建筑。之后，因为战乱和漳河泛滥，曾经壮丽的邺城不复存在。

安阳文物古迹较多，境内共有国家级文物保护单位 10 处，省级文物保护单位 80 处。悠久的历史，灿烂的文化，为安阳留下了宝贵的历史文化遗产。除了历史文化遗产外，安阳还以丰富的自然资源和美丽的风景著称。

二、郑州

郑州是中国八大古都之一。早在几千年前，夏商王朝都曾在这里建都，西周及春秋战国时，郑州又先后作为管、郑、韩的都城。郑州是中华文明的发祥地之一，历史悠久、文物古迹众多，人文荟萃。

郑州最早的都城是夏朝初期的新密新砦古城址和登封王城岗古城址，而且据考证，王城岗遗址的地理位置和存在时期与“禹都阳城”基本相符，这也为研究夏朝文化提供了重要依据。3500多年前，商王中丁执政，都城亳（今河南商丘）遭遇河决之害，中丁遂将国都自亳西迁于隞（今河南荥阳东北敖山上）。经过20世纪50年代后的几次考古发掘，在郑州发现了商都城遗址，共发现内城垣遗址、外城垣遗址、宫殿区遗址、居住聚落遗址、墓葬区遗址、手工作坊遗址、窖藏坑等七种遗迹类型，相继出土了青铜器、陶器、原始瓷器、玉器、石器、骨器、象牙器、习刻字骨等大量遗物。这是中国迄今为止发现的商王朝早期规模最大、年代最早的一座王都。

西周时期，周武王分封他的弟弟姬鲜在这里，建立管国，并定管城为国都。后来姬鲜在周公涉政期间发动叛乱，管城也因此被废。

周宣王时期，他将自己的弟弟姬友封国于首都镐京附近，国号为郑，是为郑桓公。周幽王时期，郑桓公迁郑国于河南，建都于郑（今郑州新郑）。后来，郑庄公以其雄才大略，使郑国在春秋时期第一个强势起来并称霸诸侯。公元前 375 年，韩国灭掉了郑国，并且把国都迁至新郑，直到公元前 230 年，韩国为秦国所灭。

秦汉时期，郑州以荥阳为中心，大力发展冶铁业，城市经济快速发展，文化歌舞百戏盛行，很快成为富冠天下的都市。又由于郑州地理位置在“天下之中”，成为当时各国使节来往、商贾贸易的枢纽。直到隋开皇年间改荥州为郑州，“郑州”这一名字才一直被沿用至今。

郑州因“西控虎牢，东蔽大梁，北通幽燕，南达两湖”，历来是兵家必争之地，历史上也曾发生过多次重要的军事争夺战。秦末楚汉相争期间，刘邦在广武山西筑汉王城，项羽在广武山东筑霸王城，中间隔着一条广武涧，造就了著名的鸿沟。三国时期官渡之战的战场也在郑州。官渡之战发生在东汉建安四年（199 年）至建安五年（200 年），曹操得到袁绍谋士许攸的帮助，烧了袁绍屯在乌巢（今河南延津）的粮草，最后大破袁军，以少胜多，歼灭袁绍主力，成为北方霸主，也为自己统一北方奠定了基础。

郑州登封境内的中岳嵩山是文物荟萃之地，驰名中外的“天下第一名刹”少林寺就坐落于嵩山五乳峰下。始建于北魏孝文帝时期的嵩山少林寺是中国禅宗祖庭和少林武术发源地。北魏孝昌三年（527 年），印度僧人菩提达摩来到少林寺传授禅宗，受其影响，少林寺的僧徒日益增多，寺院规模也逐渐扩大，声名大振。在少林寺西的山脚下还有一处塔林，是唐代以来少林寺住持高僧的葬地，共 230 余座，是我国最大的墓塔群。

2010 年，包括少林寺建筑群、东汉三阙、中岳庙、嵩岳寺塔、会善寺、嵩阳书院、观星台等 8 处 11 项历史建筑在内的“天地之中”历史建筑群，被联合国教科文组织列为世界文化遗产。

三、咸阳

咸阳，地处陕西省关中盆地中部，因山水俱阳而得名，有着2300多年的建城史。咸阳是中国第一个封建王朝秦的都城所在地，也是周、汉、唐等13个朝代的京畿重地，境内现存国家级文物保护单位32处，尤其是绵延百里的27座汉唐大型帝王陵寝。

咸阳以作为秦国都城而著名。秦孝公时，商鞅第一次变法使得秦国国力增强，有实力在西周故都的北侧建造新的都城。秦孝公十二年（公元前350年），商鞅奉命主持修建新都城咸阳，秦都城的首期营建工程完工后，秦孝公迁都咸阳。秦孝公在位24年，因采用商鞅的变法主张，使秦国走上富国强兵之路，最后为称雄天下奠定了基础。咸阳作为秦国都城，先后历经了秦孝公、秦惠文王、秦武王、秦昭襄王、秦孝文王、秦庄襄王以及秦始皇、秦二世两帝，达144年之久。

秦惠文王时，将咸阳城范围扩大到渭水、泾水附近。秦昭襄王时，咸阳城的范围又被向南延伸到渭水岸边，接着又跨过渭水到了渭南（今陕西西安西北），并建造了大量宫殿。其中有名的有章台宫、兴乐宫、六英宫、华阳宫、长安宫等。也就是说，当时秦都咸阳的范围包括了后来的长安城范围。

到了秦始皇时期，咸阳作为全国的政治、经济、文化中心，建设规模空前浩大。秦始皇在咸阳大兴土木，扩建旧宫，营建兰池宫，并且在渭河南岸先后修建信宫，扩建甘泉宫、兴乐宫。其中，修建的阿房宫最为著名。阿房宫的建筑宏伟豪华，范围广阔。据《三辅旧事》记载，咸阳内外宫殿、台观共计145座。据《史记》记载，秦时关中有宫殿300座，而关外则有400余座。秦都规模之大、气势之恢宏，在世界上是绝无仅有的。

秦末楚汉相争，咸阳城先是被项羽焚毁，后又被渭水冲没。汉初，被毁的咸阳城也得到恢复，取名新城，汉武帝时期又改称渭城。汉后随着朝代的更替，咸阳几经更名和划定区划，直到新中国成立后，设咸阳分区，后改咸阳专区下辖县级咸阳市，后又将县级市改为省辖市。

秦咸阳城遗址位于今陕西咸阳市东，曾作为秦都144

年，还残留有建筑基址10多处，考古发现多件文物遗存。我国古代著名的水利工程郑国渠，其遗址也位于今咸阳市内，还有大量的碑石遗存。

在咸阳北原，有周文王和周武王的周陵，汉高祖长陵、惠帝安陵、景帝阳陵、武帝茂陵、昭帝平陵等汉朝皇帝的陵墓，以及唐代的太宗昭陵、高宗与武则天合葬墓乾陵等帝王陵墓。这些帝王陵墓星罗棋布，绵延百里，气势宏伟，世所罕见。其中昭陵因山为陵，占地万亩，为中国最大的一座帝王陵墓，更有石雕珍品——昭陵六骏浮雕闻名于世。

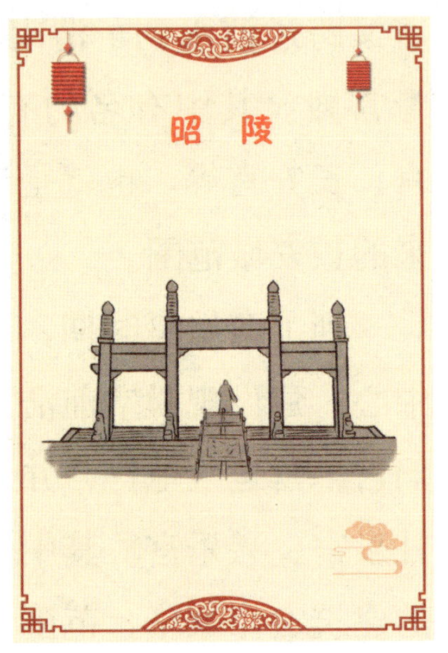

四、西安

西安，古称“长安”，是中国历史上建都时间最长、建都朝代最多的都城，为“世界四大古都”之一。先后有西周、秦、西汉、新莽、东汉、西晋、前赵、前秦、后秦、西魏、北周、隋、唐13个王朝在西安建都。

商朝末年，周国兴起，后来吞并了崇国，周文王在西安沣河西岸建丰都，周武王在沣河东岸建镐京，由此开创了西安长期作为古代政治、经济、文化中心的历史。

秦孝公时期，秦国定都咸阳，当时秦咸阳城的范围包含了今咸阳市的一部分和今西安市的一部分。秦始皇统一六国后，以咸阳为中心修建驰道，修筑宫殿，使咸阳成为经济繁荣的全国最大城市和中国第一个中央集权制的政治中心。秦咸阳城跨过渭水，建筑规模宏大。秦始皇更是在渭水南修建阿房宫等大型宫殿，并在渭水北仿照被他灭掉的六国宫阙，修建了六座一模一样的宫殿来记载他的伟绩。

秦末楚汉相争，咸阳城被毁。汉高祖刘邦建立汉朝，定都长安。长安城先后经汉高祖、汉文帝和汉武帝的修建和扩建，成为了规模宏大、建筑密集、交通便利的大都会。汉长安城的修建，也为后来的几个朝代在西安建都奠定了基础。

西汉末年，王莽废汉称帝，国号“新”，改“长安”为“常安”。东汉时期，长安为西京，是名义上的首都，帝王常来西京祭扫祖陵。东汉末年的董卓之乱，使长安城遭到极大的破坏，长安城也由繁华转为萧条。

东汉末年，军阀混战，长安城被西凉军阀反复破坏，后来长安城已经“户不盈百，墙宇颓毁，蒿棘成林”。西晋建都洛阳，但是在八王之乱中，洛阳惨遭破坏，西晋选择将长安作为国都。在十六国南北朝时期，更有前赵、前秦、后秦、西魏和北周相继建都长安，可见即使长安失去了繁华，它的历史地位依然很高。

隋朝统一全国后，隋文帝选择在长安建都。但隋文帝没有选择在原汉长安城的基础上重建都城，而是另建了一座比汉长安城规模更大、布局更加规整的新城，取名“大兴城”。隋亡后，唐朝仍在此建都，又将大兴城改名为长安。盛唐时期，长安是世界上规模最大、最规整、最繁华的国际大都市。它作为唐朝的政治、经济、文化中心，孕育出了浓厚丰富的唐文化，并对世界各国的文化产生了深远的影响。先后吸引了东罗马、波斯、日本和新罗等国多次派出使节来到长安学习汉文化，长安因此也成为各国人民友好往来的学习中心。

唐以后长安不再为都，但仍设“京兆府”统辖。到明朝时期，“京兆府”改名“西安府”，“西安”这个名字才被沿用至今。

十三朝古都历经千年的风霜，散发出深沉而神秘的古老魅力。千年岁月雕刻出的历史遗迹，让西安拥有了深厚的文化底蕴和独特的神韵。

西安拥有多处史前文化遗址，如旧石器时代早期的蓝田猿人遗址，中国第一座史前聚落遗址博物馆——西安半坡博物馆等。作为十三朝古都，西安还有多处古都城遗址，如丰镐遗址、阿房宫遗址、汉长安城遗址、隋

唐长安城遗址等。伴随着古都存在的还有多座皇家陵墓，如秦始皇陵和兵马俑、汉文帝霸陵和汉宣帝杜陵等。汉武帝时期，张骞出使西域的起点就在西安；玄奘取经归来，潜心译经的大雁塔也在西安；被誉为“中国最大的石质书库”的西安碑林博物馆也坐落于西安。

西安的历史文化特别丰厚，用千字难以道清说明，只有亲自踏上西安的土地，用心去体会，才能感知到其历经千年而不衰的历史韵味。

五、洛阳

洛阳，因为在洛水之阳而得名，又因为它的地理位置恰好在“天下之中”，是个四周有山水环绕的地方，遂有“河山拱戴，形胜甲于天下”的赞誉。先后有夏朝、商朝、西周、东周、东汉、曹魏、西晋、北魏、隋、唐、后梁、后唐、后晋13个朝代建都于此，因此洛阳享有“十三朝古都”的美誉。

洛阳建都历史可追溯至夏朝初期，即斟鄩（xún）遗址（今洛阳偃师境内），偃师市西南二里头遗址被考古学者认定为夏朝中晚期都城遗址。商汤灭夏后在斟鄩附近营建新都西亳，即洛阳偃师商都西亳遗址，它是目前发现的商朝早期城址中规模宏大的一处。

西周时期，洛阳是西周的陪都。西周的都城是镐（今西安境内），而周天子分封的诸侯国遍布全国各地，为了加强中央对各诸侯国的控制，也为了完成武王遗愿，周成王便命周公在洛阳修建洛邑作为陪都。周平王为稳固政权，把周朝的都城从镐迁到洛阳，开创了东周。

西汉建立初期，汉高祖本想继续效仿东周定都洛阳，但在留侯张良的劝谏下迁都长安。后来光武帝刘秀建立东汉并定都洛阳，使得洛阳经济快速发展，成为天下名都。“中国第一古刹”、我国最早的一座佛寺——白马寺就修建于东汉时期。相传汉明帝刘庄派遣使者出使西域，寻求佛法，后来使者和印度高僧用白马驮载佛经和佛像返回洛阳，为此修建了一座寺庙，就取名为“白马寺”。

东汉末年，董卓挟持汉献帝刘协迁都长安，将汉洛阳城烧毁。虽然洛阳又经曹魏、西晋以及北魏三个朝代的重建和修缮，整体城市规模比东汉洛阳城更加宏大，布局更加严整，在外形上也基本重现了汉洛阳城的风采，但是城市实力却没能恢复到东汉时期的强大。

直到隋朝再次平息战乱统一天下，隋炀帝将洛阳立为东京，并在汉魏洛阳城西新建了一座都城，名叫“东都”。再加上大运河这条重要交通要道的开通，使洛阳的经济再次得以发展，恢复繁荣景象。隋唐的国都均在长安，但武则天称帝时，曾迁都洛阳，武则天去世后，唐又迁都长安，尽管洛阳再次成为陪都，却繁盛依旧。安史之乱时，安禄山在洛阳称帝，国号“燕”。安史之乱后，洛阳因战争遭到了严重破坏。五代时后唐虽建都洛阳，但它国小力弱，加之当时社会动乱不堪，也难以再现洛阳昔日的辉煌。赵宋王朝建都开封后，将洛阳作为西京并进行过修建，但修建后的洛阳城也远不及前朝时期繁荣辉煌。

洛阳几经沉浮，饱经风雨，有太多的历史在这座城市上演。在宋后，尽管洛阳不再被统治者看好作为国都，但是洛阳“天下之中”的地理位置却不容忽视，仍旧是军事、经济重镇。

六、南京

南京，古称金陵、建康、应天等，地处中国东部、长江下游、濒江近海。南京是首批国家历史文化名城，中华文明的重要发祥地，长期以来是中国南方的政治、经济、文化中心，先后有东吴、东晋、南朝的宋、齐、梁、陈等朝代在南京建都。

3000 多年前，南京是西周吴国国君周章的封地。到了春秋战国时期，楚国在此设有棠邑，这是南京有历史记载的最早的地方建置。公元前 333 年，楚国攻灭越国，楚威王欲借南京的长江天堑为屏障图谋天下，建筑金陵邑。到了秦朝时期，秦始皇听闻金陵有王者之气，命人挖断连绵的山冈，将金陵改名为秣陵。

东汉末年，三国群雄争霸，孙权继承父兄基业，将治所设置在吴县（今江苏苏州）。208 年，曹操率领大军南征荆州，孙权把治所从吴县迁至京口（今江苏镇江），后来又把治所从京口迁到了秣陵（今江苏南京），遂改秣陵为建业，寓意“建立帝王之大业”。孙权称帝，国号“吴”，在建业修建神龙殿等宫殿建筑。建业都城北依覆舟山、鸡笼山和玄武湖，东凭钟山，西临石头山，城周“二十里十九步”。

东吴被西晋灭亡后，建业被改名建邺。西晋末年，为避讳晋愍帝司马邺的名号，又将建邺改名为建康。4 世纪初，在内乱外患的双重打击下，西晋王朝的统治摇摇欲坠。316 年，匈奴人刘聪率兵攻下长安，晋愍帝司马邺被俘，西晋灭亡。但是，一些晋朝的旧臣并不甘心亡国，当时南方还在晋朝官员的掌控之中，于是他们就在南方各地积极活动，准备恢复晋朝。317 年，琅琊王司马睿在大臣的拥护下，在建康称帝，建立东晋。后来，南朝的宋、齐、梁、陈均以建康为都。从东吴、东晋到南朝四代，这六个朝代是南京历史上最为鼎盛的时期，因此南京有“六朝金粉地”之誉。而且这六朝的统治者大多信奉佛教，因此建康成为了当时的佛教中心，不仅大量佛寺被建造，佛教艺术更是发展繁盛，尤其是南朝四代。诗人杜牧曾在《江南春》中写道:“南朝四百八十寺，多少楼台烟雨中”，描绘的就是当时江南佛寺林立的景象。

五代十国时期的南唐定都南京，并将名称改为“江宁府”。在社会分裂动荡时期，作为都城的南京发展迅速，成为南方经济繁荣、商贾云集的大城市。

元末朱元璋在南京采取“高筑墙，广积粮，缓称王”的措施，修筑了规模宏大的南京城墙，并改名“应天”，将南京立为国都，这是南京第一次在全国大一统的情况下被定为国都，成为全国的政治、经济、文化中心。后朱元璋又将应天改为“南京”，至此“南京”一名才正式被人们熟知。在朱元璋去世后，他与皇后马氏合葬在南京明孝陵。直到明成祖朱棣迁都北京，南京才结束了作为明朝都城的时代。

清末洪秀全领导农民起义，试图推翻腐朽的清王朝统治，并在南京建立太平天国农民政权，将清朝设立在南京的两江总督衙门扩建为天王府，定南京为国都，改称南京为“天京”。虽然太平天国运动轰轰烈烈，但却以失败告终。

1982 年 6 月，南京被列入首批国家历史文化名城。南京的历史、文化遗存众多，有石头城遗址、六朝建康都城遗址、六朝宫城遗址、南京明城墙以及明代京城城垣、中国保存最完整的古代皇帝陵墓明孝陵、享有“小云岗”之称的千佛岩石窟、南朝陵墓石刻、静海寺、太平天国天王府遗址、南京总统府、中山陵、梅园新村、雨花台烈士陵园、侵华日军南京大屠杀遇难同胞纪念馆、渡江胜利纪念碑等。

七、开封

开封位于河南省中东部，是我国著名的古都之一，古称汴梁、汴京、东京。中国十大传世名画之一、国宝级文物《清明上河图》中所描绘的城市风光和繁荣景象，就是北宋时期的开封风景。

开封的建都史可以追溯到夏朝。相传夏代第七世帝予迁都于老丘（今河南开封东北），此后的五代帝王皆以老丘为都，这里成为当时政治、经济中心。夏朝的统治范围迅速扩大，终于迎来了鼎盛时期。

春秋时期，郑庄公为向中原拓展，在开封构筑城邑储备粮草，取名启封。公元前 453 年，赵襄子、魏桓子和韩康子三家分晋。公元前 403 年，魏与赵、韩一起被周天子封为诸侯。之后，魏文侯开始推行变法，使得魏国逐渐强盛，此时魏国的都城在安邑（今山西夏县西北）。魏惠王时，安邑因为处在魏国西部，有处于秦、韩、赵三国包围的风险，已经不再适合做魏国的国都。于是魏惠王将都城从安邑迁到了东部靠近中原中心的大梁城（今河南开封）。公元前 334 年魏惠王和齐威王在徐州会盟，互相承认对方为王，史称“徐州相王”，魏国因为强盛而称雄。但是，之后魏国“东败于齐……西丧地于秦七百里，南辱于楚”，开始衰落。秦始皇二十二年（公元前 225 年），魏国被秦国所灭。

隋朝时期大运河开凿后，开封成为水陆都会，交通发达，号称“雄郡”。大运河带动了开封的经济发展，使得五代时期的后梁、后晋、后汉、后周以及北宋和金相继在开封建立国都，因此开封又被称作“八朝古都”。

907 年，朱温篡唐称帝，国号“梁”，建都开封，后来又建都洛阳，史称后梁，唐朝正式灭亡，中国历史进入五代十国时期。936 年，后晋高祖石敬瑭灭后唐，初定都西京河南府（今河南洛阳），后迁都东京开封府。后晋灭亡后，河东节度使北平王刘知远在太原称帝，建立后汉，定都开封，四年后，后周太祖郭威灭后汉，依然以开封为都城。

郭威登基后进行一系列的改革，免除了许多徭役，整顿军纪。柴荣继位后，三次亲征南唐，迫使南唐将所有长江以北地区割给后周。不久柴荣病逝，其幼子柴宗训登基。殿前都点检赵匡胤结镇、定二州将谎报说辽国和北汉联合进犯，领兵到陈桥驿发动陈桥兵变，建立北宋，定都开封。

北宋时期是开封历史上的发展黄金时期，它不仅是当时全国第一大经济都会，也是当时世界上最繁华的都市之一，有“汴京富丽天下无”的美称。北宋时期的开封城，它的繁荣景象从传世名作《清明上河图》中可见一斑。那时的开封城不但城郭宏伟、风光秀丽、店铺林立、人口密集、工商繁荣，而且城内夜市的兴起打破了宋以前的宵禁制度，丰富了宋人的夜生活。

这一时期的开封不仅经济繁荣，更是涌现出铁面无私的包拯、忠烈满门的杨家将、变法图强的王安石、精忠报国的岳飞等对中国历史发展产生了重大影响的历史人物。当时兴盛的民间工艺“汴绣”，亦称“宋绣”，也是开封的历史文化特色之一。

建于北宋年间的开封铁塔，是我国最高的琉璃砖塔，因为遍体褐色的琉璃砖瓦远看似铁色而得名。开封古城八景之一的“铁塔行云”，概括的就是这座宝塔的景色。登塔远眺，古城风光尽收眼底，一览无余。

1114 年，金太祖完颜旻统

一女真诸部，于翌年在上京会宁府（今黑龙江哈尔滨）建都立国，国号大金。1125 年金灭辽，1127 年灭北宋。1130 年，宋高宗赵构向金帝上降表称臣。1153 年，金国迁都中都（今北京）。金世宗、金章宗统治时期金国的政治文化达到巅峰，金章宗在位后期国力急剧由盛转衰。金宣宗继位后，内部政治腐败、民不聊生，外受蒙古南侵，被迫迁都汴京（今河南开封）。1234 年，金朝灭亡。

元灭金后，设河南江北等处行中书省，省治开封。元朝末年，韩林儿率领的红巾起义军，曾在开封建立“龙凤”农民政权。明朝洪武年间，改汴梁路为开封府，后来置河南中书分省，省治开封。崇祯十五年（1642 年），农民起义军李自成诸部围攻开封府。明军为解围决黄河，水淹李自成部，后起义军水灌开封城，城中建筑大部分被毁坏、淤没。

开封是首批国家历史文化名城之一，现有全国重点文物保护单位 24 处 27 项，河南省重点文物保护单位 65 处 68 项，著名的名胜古迹有朱仙镇启封故园、包公祠、开封府、开封城墙、鼓楼、大梁门、天波杨府、东大寺、岳飞庙、中国翰园碑林等。

八、杭州

杭州，简称“杭”，古称临安、钱塘。杭州地处中国华东地区、浙江省北部、钱塘江下游、京杭大运河南端。杭州是首批国家历史文化名城之一，8000多年前的跨湖桥遗址发掘显示当时有人类在此繁衍生息；被称为“中华文明的曙光”的良渚文化就出现在这里；五代十国时吴越国和南宋在这里建都。

秦统一六国后，推行郡县制，在吴越故地设置会稽郡，在现杭州设置了钱唐县，这是杭州建置的开始。西汉、东汉承秦制，置钱唐县，属吴郡。南梁武帝萧衍时期，改钱唐县为临江郡；南朝陈政权时期，置钱唐郡。

隋朝建立后，隋文帝消灭了南方的陈国，统一了中国，随后废钱唐郡，设杭州。这是“杭州”地名第一次出现。隋朝大将杨素在平定了江南叛乱后，于591年发动居民于江干之柳浦西，依凤凰山建造杭州城垣。610 年，江南运河凿通，从江苏镇江起，经苏州、嘉兴等地到达杭州，全长 400 多千米。自此，杭州一跃而“咽喉吴越，势雄江海”，确立了它在整个钱塘江下游地区的交通枢纽地位。

随着运河的开通，杭州的人口、经济才开始迅猛发展，不仅地区范围不断扩大，商业贸易往来也愈加频繁，到了唐朝时期一跃成为东南第一大商埠。

唐时的杭州丝绸已经有“天下为冠”的盛誉，成为宫廷的贡品。而且早在汉朝时期，杭州所产的丝绸就远销东南亚和阿拉伯诸国，成为陆上和海上丝绸之路的“主力”。在唐朝时期，我国的茶文化已经开始风靡世界，而茶艺和茶道都起源于杭州。在杭州径山上有一座径山寺，这里时常举行茶宴、斗茶等活动。唐时的茶圣陆羽在撰写《茶经》时，就曾在径山驻足。

五代十国时期，吴越国建都杭州，使得杭州第一次成为都城。吴越国在杭州一共经历了五位帝王。虽然作为都

城的时间比较短暂，但杭州的经济发展却比较快。在吴越时期，钱塘江边的舟楫相连，不见首尾，更有四方商贾、南北货物云集于此。为适应经济的发展，吴越统治者还大规模修筑街道和房屋，兴修水利，发展海上交通。

北宋时，杭州为两浙路路治，当时这里经济繁荣，纺织、印刷、酿酒、造纸业都较发达，对外贸易进一步开展，杭州成为全国四大商港之一。1127 年，金朝南下攻取北宋首都东京，掳走徽、钦二帝，北宋灭亡，史称“靖康之变”。宋徽宗之子赵构南下建康（今江苏南京）登基称帝，企图以此为据点重整山河。

金军发现宋军淮河防线空虚，迅速南侵，攻下了建康。金军步步紧逼，迫于形势，宋高宗仓皇出逃至杭州。金人因不熟水性而撤退，宋高宗确定杭州为都城，并将其改为“临安”，意为“临江则安”。由此，杭州正式成为了南宋的首都，直到 1279 年南宋灭亡。

杭州西湖自古就美如画卷，“天下西湖三十六，就中最好是杭州”，杭州“天堂”的美誉就来自西湖。在南宋时期被确立下来的“西湖十景”在西湖众多旖旎的景色中最为出名，并不断被后世传颂。杭州的陶瓷也曾在南宋时期辉煌一时，那时的官窑陶瓷，同杭州丝绸一样享誉国内外。

元后的杭州虽然不再被作为一国都城，但是它的经济和文化依旧非常发达，其出产的丝绸、茶叶、陶瓷、书画篆刻等在世界上受到广泛的欢迎，对外贸易往来也频繁依旧。

杭州现有全国重点文物保护单位 48 个、国家级博物馆 7 个。著名的历史名胜古迹有：良渚文化遗址、灵隐寺、吴汉月墓、梵天寺经幢、慈云岭造像、凤凰寺、飞来峰造像、白塔、烟霞洞造像、六和塔、桐君山、武盛古街、雷峰塔、岳庙、三潭映月、苏堤、宋城、南宋御街、跨湖桥遗址等。2011 年 6 月 24 日，杭州西湖被正式列入《世界遗产名录》。

九、北京

北京，古称燕京、北平，现为中国的首都。北京有3000多年的建城史和800多年的建都史，曾是辽、金、元、明、清五个王朝的都城。悠久的历史孕育出北京众多的文化古迹，使北京成为世界上拥有最多文化遗产的城市。

夏商周的时候，北京就已经建城。周武王伐纣之后，分封诸侯，封召公于北京及附近地区，也就是燕国。燕国的都城在今天北京的房山区琉璃河镇。后来，周天子又封黄帝的后人于蓟，在今北京市西南。后来，燕国灭蓟国，迁都于蓟，统称为燕都或燕京。燕国是春秋十二诸侯之一，一直到公元前222年被秦王嬴政派兵灭掉。

秦朝在北京设蓟县（今北京市西城区广安门一带），为广阳郡郡治。西汉初期，基本沿袭秦制。后来，改为广阳郡蓟县，属幽州。到两晋南北朝时期，前燕在北京地区曾建过都城。

唐代，北京被称为幽州。五代时期，后晋把幽州和云州为中心的幽云十六州割让给契丹。辽国建立后，因为北京的地理位置重要，辽太宗便提高了幽州的地位，升为幽都府，立为南京，也称燕京，作为辽的陪都。也正因此，北京的地位由北方军事重镇转化为政治中心。

1122 年，辽都中京被金攻陷，天祚帝西逃。近宗室耶律淳被大臣拥立为皇帝，定都燕京，史称“北辽”。同年，耶律淳死，其妻萧德妃被立为皇太后称制。次年，金兵追来，燕京失陷。1151 年，海陵王完颜亮任命张浩、苏保衡等营建都城，参照北宋都城汴京的规划和建筑式样，在辽南京城的基础上在东、西、南三个方向往外扩展，历经两年完工。1153 年，海陵王完颜亮自上京迁都燕京，升为大兴府，更名中都。这是北京正式成为封建王朝都城的开始。

1214 年，金宣宗完颜珣离开中都，后来南迁都城至汴京，中都作为金朝都城共 61 年。1215 年 5 月，中都被蒙古军队攻陷，城池被毁坏。1264 年，忽必烈击败了阿里不哥之后，颁布了《建国都诏》，将燕京改名为中都，并将其定为陪都。同时他还派了 800 名工匠前往中都，开始营建各种基础设施，为迁都做准备。经过 3 年的准备和修建，忽必烈在公元 1267 年正式迁都中都，改名为大都，并将开平（上都）改为陪都。

明朝初期曾在南京建都，并将元大都改名为北平。到了明成祖朱棣的统治时期，他把都城迁到北平，并把名字改为北京。朱棣迁都北京后，为了方便祭祀，还命人在北京城内建起了天坛。天坛是北京城的标志建筑，因为它布局规整严谨，建筑结构奇特，装饰精致华丽，被认为是我国现存的一组最精致、最美丽的古建筑群之一。

清朝灭明朝后，将都城由盛京迁到北京，又对明北京城进行了修建和扩增。清乾隆皇帝为他的母亲孝圣宪皇太后改建清漪园，后来清漪园被英法联军焚毁，在清光绪时期重建又改为颐和园，却又被八国联军破坏，园内珍宝也被抢劫一空。颐和园后经修复和充实，成为中国现存最大、保存最为完整的一处清代皇家园林。颐和园内不仅景色优美，建筑华丽，园内珍藏文物更是达 4 万多件，因此被誉为“皇家园林博物馆”。

北京不仅有多处历史古迹遗存，更是在元代以后，成为全国文化教育的中心。全国最高等级的学府——国子监设立在北京，吸引天下名流在京师会集。辛亥革命后，北京又成为新文化运动的中心和五四运动的策源地。新文化运动的代表人物蔡元培、李大钊、陈独秀、胡适、鲁迅等长期在京活动，北京至今存留有多处名人故居。

第三章

古代经济重镇

一、临淄

临淄，地处山东省中部，是春秋战国时期齐国的都城，齐文化的主要发祥地。齐国能成为春秋五霸之首，也与它的都城富庶繁荣有直接关系。临淄在古代也被誉为“海内名都”，是重要贸易城市和经济中心。

临淄是我国历史上开发较早的地区之一，早在七八千年以前的新石器时代，临淄后李就有先民繁衍生息，创造了后李文化。商末时期，姜尚辅佐周武王伐纣灭商建立周朝，因功勋卓著被周武王分封到齐地营丘建立齐国。姜尚建立齐国后，为增强齐国实力实施了多项发展政策，使齐国在西周各诸侯国中一直处于领先地位。据《史记·齐太公世家》记载：“太公至国，修政，因其俗，简其礼，通商工之业，便鱼盐之利，而人民多归齐，齐为大国。”

齐哀公被周天子烹杀后，齐胡公迁都至薄姑，齐国人对此颇有怨言，公子山率人杀死齐胡公，继位为齐献公。后来，齐献公又将都城迁回营丘，并因营丘临淄水而将其更名为临淄。春秋时期，齐国内乱，齐桓公夺得君主之位后，不计前嫌任用管仲为相，力图改革以整顿齐国。也正因为齐桓公知人善用不拘小节，才使临淄的经济、文化日趋繁荣，齐国实力也随之迅速增强，成为一方强国，齐桓公也因此成为春秋五霸之首。

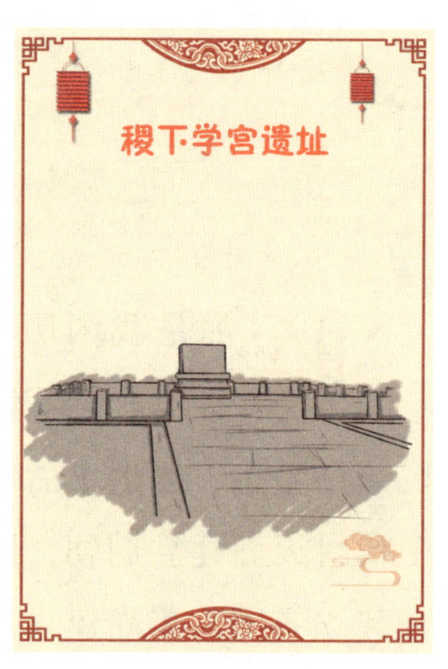

齐桓公除了发展临淄的经济之外，还曾于临淄稷门外设学宫，称稷下学宫，招揽天下名士。齐威王和齐宣王年间，是稷下学宫最为鼎盛的时期，儒、墨、道、法、阴阳、纵横等各学派云集于此。稷下的先生“不治而议论”，形成百家争鸣的繁荣局面，其兼容并包、思想自由的学风对后世影响极为深远。

公元前391年，田和以齐康公荒淫好色、荒废政事为由，“迁齐康公于海上，使食一城，以奉其先祀”，田和自立为齐国国君。公元前390年，齐军大举入侵魏国，逼迫魏文侯向周天子请求田氏代齐。公元前386年，周安王册命田和为齐侯。公元前379年，齐康公死，姜姓齐国绝祀。姜齐灭亡，田氏仍以“齐”作为国号，史称“田齐”。

齐国的强大使得临淄非常繁荣。秦国灭齐后，设临淄县，属齐郡。西汉时，临淄为齐国王都，“齐临淄十万户，市租千金，人众殷富，巨于长安”。直到东汉末期，临淄开始转衰。但临淄有以前的经济条件作为根基，即便衰落，其经济实力依旧不弱。

临淄作为齐都和汉代齐国王城的1000余年间，留下了大量文物宝藏，境内有后李文化遗址、齐国故城遗址、孔子闻韶处、遄台、梧台、雪宫台和临淄墓群等。且自姜尚以来，齐人多好经术、矜功名、足智谋，故而人才辈出。继姜尚、齐桓公、管仲、鲍叔牙、晏婴等贤君名相后，还有孙武、孙膑、扁鹊、淳于意、贾思勰等名人智者。

二、徐州

徐州，古称彭城，又称涿鹿，位于江苏省西北部。徐州历史上为华夏九州之一，自古便是兵家必争之地和商贾云集之地，也是淮海地区的政治、经济、文化中心。京杭大运河穿境而过，陇海铁路、京沪铁路两大干线在徐州交会，它素有“五省通衢”之称。

《后汉书·东夷传》记载，周穆王密令楚国伐徐，徐国首领徐偃王率众败走“彭城武原县东山下”，这是史书中最早记载的彭城。春秋战国时，彭城先属吕国，宋国灭吕国后，属宋。宋襄公元年（公元前650年），更名为彭城邑，宋国还从睢阳（今河南商丘）迁都至彭城。

在秦末汉初的农民起义中，楚怀王曾建都彭城。秦灭亡后，西楚霸王项羽建都彭城。西汉建立后，因彭城沛县是汉高祖刘邦的故乡，汉高祖对彭城十分重视，并在此建立楚国，分封韩信为楚王。韩信死后，又封刘交为楚王，此后楚王世袭，均建都在彭城。东汉时设彭城国，建都彭城。东汉末年，迁徐州刺史部于彭城，彭城自始称徐州。两晋南北朝至隋朝期间或为彭城郡或徐州。577 年，陈国北伐北周。第二年，陈军包围彭城，以泗水灌城，彭城被毁。到唐贞观年间，重建彭城。元末，徐州被起义军占据，元右丞相脱脱引军攻徐州，炮击城池，城被毁坏。明初，在秦汉彭城旧址重建徐州。

在古代，运输主要靠陆路和水路，一般位于重要河流交汇处的城市，其经济和贸易都比较发达。徐州恰好位于汴水与泗水交汇的地方，“靠水吃水”逐渐发展成为商业都会，成为江淮流域漕粮西运的主要交通要道。隋时开通的京杭大运河途经徐州，徐州因此成为南北商贾云集之地，经济也得到进一步的发展。据史料记载，明代之时每年有上万艘南粮北运的漕船经过徐州，运输粮食达 400 万石以上。

“自古彭城列九州，龙争虎斗几千秋。”徐州居中原南北要冲，战略地位十分重要，历来是兵家必争之地。春秋时期的晋楚彭城之战，多个诸侯国争夺彭城这块战略要地，打了一年多。秦末农民起义军又以彭城为中心，掀起反秦狂潮。在楚汉之争中，项羽和刘邦争夺彭城更是异常激烈。在东汉末年，吕布屯兵徐州，刘备驻扎小沛，曹操率部征讨，杀吕布擒关羽，屠彭城。

徐州在西汉时十分受重视，也以丰富的汉文化遗存享誉中外，有汉墓、汉兵马俑、汉画像石等文物珍品。两汉 400 年间，徐州共有 13 位楚王、5 个彭城王，有 18 座王陵墓葬。经考古发现，有北洞山、狮子山、驮蓝山、龟山等四处工程浩大的西汉楚王墓葬，以“精”“奇”“雄”各领风骚。狮子山兵马俑被誉为徐州文化三绝之一，4000 余件兵马俑排列有序，是汉代的艺术珍品，更对研究汉代雕塑艺术具有极高的价值。

狮子山骑兵俑

三、南阳

南阳，古称“宛”，位于河南省西南部，因地处伏牛山以南、汉水以北而得名。南阳是国家历史文化名城，有2000多年的建城历史，这里还是楚汉文化的重要发祥地。南阳历史文化厚重，三顾茅庐、羊续悬鱼等典故皆发源于此。

南阳早在5000多年前的新石器时代，就已经有先民繁衍生息。考古发现，这里存留许多商朝的文化遗迹，多为商诸侯国申和吕的文化遗留。到周朝时，南阳境内有申、邓、谢等诸侯国。

春秋晚期，楚国占据南阳地区后将其改名为“宛邑”，因此“宛”也成为南阳的代名词。南阳地理位置优越，地形奇特，是楚国进军中原的军事重镇，也是楚国著名的商业城市和冶铁基地。由于南阳矿产资源丰富，冶铁技术发达，是块富庶之地，经常为各国所争夺。

在战国末期，秦将白起攻占南阳，宣太后又把公子芾改封于宛地。南阳的经济发达，商业繁盛，公子芾也因此“私家富重于王室”。后来秦统一六国，在此设郡，更名为南阳郡。

汉承秦制，仍设南阳郡。汉代南阳是长江、汉水、淮河三条水路与关中往来的通道，工商业发展极其繁盛。南阳在当时还是南北交易的重要枢纽，南方的商品多通过南阳运送到北方进行交易，因此南阳的经济进一步发展，有“商遍天下”“富冠海内”之称，与当时的邯郸、洛阳、临淄、成都并称为五大城市。

东汉时期，光武帝刘秀在南阳起兵，建立帝业，把南阳作为陪都，称“南都”“帝乡”。南阳陪都的地位也带动了当地的工商业发展，使南阳达到了最鼎盛的时期，甚至和京都洛阳并列为全国最大的两个中心城市。

隋唐时期，南阳仍是河南西部的政治经济中心，唐朝在南阳设立“河南西道总管府”管辖河南西部地区军政。当时，南阳农业兴旺，工商业繁荣。李白在《南都行》中写道："清歌遏流云，艳舞有余闲。遨游盛宛洛，冠盖随风还。"宋代，南阳属邓州，商业依然繁荣，是连接河东河西的重要商业集散地。元明清时期，南阳的政治地位有所下降，但经济昌盛，工商业兴旺，依然是豫西南的经济中心。

南阳名人荟萃、人才辈出，秦相百里奚、光武帝刘秀、东汉科学家张衡、东汉末医学家张仲景、三国军事家诸葛亮等都在南阳留下过足迹。这些名人中以"南阳五圣"最为著名，他们分别是谋圣姜子牙、商圣范蠡、医圣张仲景、科圣张衡、智圣诸葛亮。

四、武威

武威，古称凉州、雍州、姑臧，位于甘肃省中部、河西走廊东端。东晋十六国时期的前凉、后凉、南凉、北凉，唐初的大凉都曾在武威建都。它是古代中原地区与西域经济、文化交流的枢纽，中外商人云集的城市。武威素有“天下要冲，国家藩卫”“五凉京华，河西都会”的美称，它也是国家历史文化名城。

武威在周朝时期属于雍州之地，春秋以前被西戎部落占据，秦时又被月氏占据。西汉初期，北方的匈奴人占领武威及河西走廊一带，由匈奴休屠王统治。元狩二年（公元前 121 年），霍去病击败匈奴，汉武帝为显示大汉帝国的“武功军威”，便命人在原休屠王的领地设置了武威郡。武威由此得名。

汉武帝将武威纳入西汉疆域之后，为加强东西交流，隔绝匈奴与羌族的联系，便采取措施，向武威地区大量移民，发展田耕，修筑边塞城墙，促进武威当地的经济发展，使其成为长安以西最大的边陲要塞。汉时丝绸之路的开通及繁荣，使得武威成为丝绸之路上的重要商埠，更一跃成为当时仅次于长安和洛阳的全国第三大城市。

东汉时期武威的商业贸易盛极一时，并成为河西走廊的第一个交通重镇和商品集散地。经过武威，大量的西域物产传入中原，而中原优秀的文化和物产也源源不断地传入西域。

东晋十六国时期的前凉、后凉、南凉、北凉以及唐初的大凉都在此建立过国都，凉州也因此成为显赫一时的“五凉古都”，历时长达 120 余年，史有“五凉京华，河西都会”之称。在武威建都的五个凉国，对姑臧城进行了大规模的修缮和扩建。到了唐朝，武威社会安定、经济繁荣、人烟稠密、农桑兴旺，更有“人烟扑地桑柘稠”的美称。唐朝时，武威的经济、文化发展达到新高峰，大唐高僧玄奘西天取经路过武威时，用“凉州为河西都会，襟带西蕃、葱右诸国，商旅往来，无有停绝”描述凉州的繁华风貌。

随着海上丝绸之路的鼎盛发展，陆上丝绸之路逐渐衰落，武威的繁华也不及从前。武威除了经济繁荣，历史文化也极其丰富多彩，更是将才辈出之地。

武威有出土了“马踏飞燕”的雷台汉墓，它建于东汉晚期，墓主人是东汉末年武威郡的“宣威侯”张绣，《资治通鉴·汉纪·卷四一》中记载，“烈士武臣，多出凉州，士风壮猛，便习兵事”。东汉末年涌现的马腾、韩遂、马超、董卓等武将，带兵席卷关中及长安，使得本就岌岌可危的东汉政权加速衰亡，这也从侧面反映出凉州将士的强悍和勇猛。

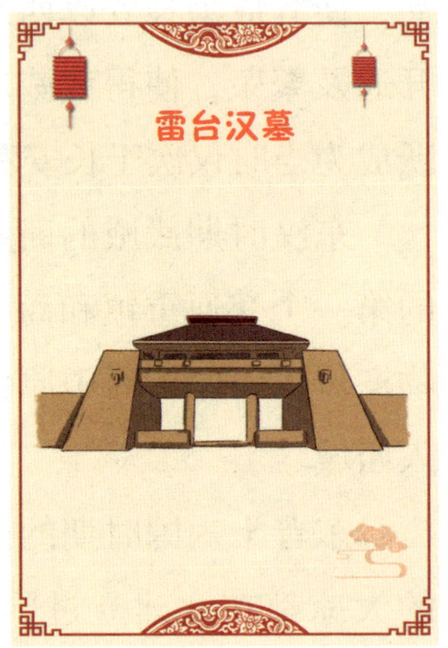

五、苏州

苏州，古称姑苏、平江，位于江苏省东南部。隋开皇九年（589年），隋文帝杨坚取姑苏山之名，将吴州改为苏州。苏州是国家历史文化名城，这里保持着“水陆并行、河街相邻、小桥流水、粉墙黛瓦、史迹名园”的独特风貌，因此有“上有天堂，下有苏杭”的美誉。

周太王古公亶父的长子泰伯和次子仲雍，为了避让王位给周太王的幼子季历，选择出走周原，南行来到长江下游南岸，兄弟二人尊崇当地习俗，爱戴当地人民，于当地建立“勾吴”。据《史记·吴太伯世家》记载，“季历贤而有圣子昌，太王欲立季历，以及昌”。吴国自泰伯后共经历24代，到吴王寿梦时，国力日益强盛。

后来，公子光与伍子胥派专诸刺杀吴王僚，公子光夺得王位，也就是吴王阖闾。阖闾登位后，采纳伍子胥建议将都城建设作为头等大事，建立阖闾大城。阖闾大城的建立不仅奠定了今日苏州城的规模，也揭开了苏州迄今 2500 多年的历史篇章。

公元前 473 年，吴国被越国所灭。约公元前 306 年，楚国灭越国。公元前 221 年，秦统一六国，在全国推行郡县制，分天下为三十六郡，今苏州属会稽郡，郡治在吴国故都。

汉朝初年，刘邦封刘濞为吴王，会稽郡遂属吴国封地。刘濞在吴国大量铸钱、煮盐，以扩张割据势力，图谋篡夺帝位。当时，刘姓宗室诸王的势力强大，处处与朝廷对抗。汉景帝继位后，听从御史大夫晁错的建议，削夺诸王的封地。刘濞以诛晁错为名，联合楚、赵等七国叛乱，史称“七国之乱”。后来，被汉将周亚夫击败，刘濞兵败被杀，吴国被废除，一部分地区改称会稽郡。

东汉时期，皇帝因会稽郡幅员辽阔，不便管理，遂在其东北部新置吴郡，郡治在吴县。东汉末年，吴地一直属三国的孙吴政权。东晋时期，晋成帝封其弟司马岳为吴王，改吴郡为吴国，吴国一直延续到东晋末年。

隋唐时期，随着江南的开发和全国经济中心的南移，苏州逐渐以工商业都会著称于世。隋朝大运河开通以后，苏州成为江南的河运中心，位列“四大都市”之一。唐朝时，苏州经济迅猛发展，曾担任苏州刺史的白居易称“当今国用，多出江南，江南诸州，苏最为大”。唐时的苏州城街市繁华，商业兴旺，是著名的丝织业中心，被白居易描述为“人稠过杨府，坊闹半长安”。

宋代的苏州，商业兴盛，已形成各种行业组织，且行业间分工很细，有米行、丝行、鱼行、船行等，此外还有制作衣帽冠带、金银首饰、胭脂花粉等十几种行业。苏州的农业、丝织业在宋朝时期继续发展，使苏州成为我国最富庶的地区之一。到了南宋时期，“上有天堂，下有苏杭”的美赞已经在全国传开。

苏州寒山寺

苏州在经济发展的同时，也兴文重教，特别是东晋以后，人才辈出，文风日盛。宋范仲淹在苏州开辟南园旧地创办苏州府学，聘名师儒士施教，从此苏州历代官绅都重视教育，文风盛行。苏州在科举时代出了不少状元，自唐以来有 47 名，清代状元、榜眼、探花也多半出于苏州。

苏州是国家历史文化名城、全国重点旅游城市。平江、山塘历史街区分别被评为中国历史文化名街和中国最受欢迎的旅游历史文化名街。苏州古典园林和中国大运河苏州段被联合国教科文组织列为世界文化遗产。苏州著名的历史遗迹有：北寺塔、拙政园、狮子林、万寿宫、艺圃、罗汉院双塔及正殿遗址、况公祠、沧浪亭、可园、城隍庙、开元寺无梁殿、耦园、织造署旧址、吴门桥、枫桥、寒山寺、虎丘、灵岩寺等。

六、扬州

扬州，古称广陵、江都、维扬，位于江苏省中部、长江与京杭大运河交汇处。扬州历史悠久、文化底蕴深厚，古代的扬州手工业相当发达，冶炼、制盐、造船、纺织、漆器等行业，兴于秦汉，至清鼎盛。扬州是首批国家历史文化名城之一和具有传统特色的风景旅游城市，素有“烟花三月下扬州”的美誉。

扬州的建城史最早可追溯到周朝。周朝在此建立邗国，后来吴王夫差北上伐齐，筑邗城，开邗沟，连接长江、淮河两条水路。夫差修筑的邗城是历史上最早的扬州城，而邗城的发展得益于邗沟。邗沟的开凿改善了南北水上交通，虽然最初目的是用于军事，但也为邗城的经济发展创造了条件。后来，楚国又在邗城的旧城址上建立广陵城。

西汉建立后，刘邦封侄子刘濞为吴王，将广陵等地封给了他，广陵就是吴国的都城。吴王刘濞在广陵以山冶铜，煮海为盐，使得广陵迎来了历史上第一次大繁荣时期。后来，吴王叛乱，兵败被杀，汉景帝之子刘非平叛有功，被封为江都王，治吴王所属之地，都城仍为广陵。汉武帝时期，刘非治下的江都是江南地区经济水平最高的地区。

魏晋南北朝时期，扬州的经济发展已是“扬部有全吴之沃，鱼盐杞梓之利，充仞八方，丝绵布帛之饶，覆衣天下”。至隋炀帝开凿京杭大运河，沟通长江、淮河、黄河、海河、钱塘江五大水系，扬州便成为国内南北水路交通的枢纽、东南繁华都会和对外经济文化交流的重要港口。

唐代的扬州为盐铁集散地，随着对外贸易的发展，外国商人络绎不绝，城市空前繁荣。明清时期，扬州又成为我国东南经济、文化的中心。特别是在清代，扬州更是盛极一时，不仅是清王朝南北漕运交通的重要枢纽，而且是当时清朝中部各省的食盐供应地。乾隆时期，由于盐业和漕运的进一步发展，扬州城内商业更加兴盛，不仅城内临街商铺林立，人员往来更是络绎不绝。但在清末，随着铁路和海运的兴起，运河漕运开始衰败，扬州的繁华逐渐消失。

自唐朝以来，扬州经济发达，市井文化繁盛，民俗民风独具特色。扬州民间素来崇文尚教，重视商业，在漫长的城市发展历程中，曾出现过无数称得上是“老字号”的商铺，市肆、市招等均具有浓厚的地方特色。

扬州有着丰富的文物古迹，文化底蕴深厚，被称为一座“通史式”的城市。扬州遍布历史古迹，其中著名的有个园、何园、普哈丁墓、吴氏宅第、朱自清旧居、贾氏盐商住宅、逸圃、扬州城遗址、莲花桥和白塔、大明寺、重宁寺、史可法墓祠、庙山汉墓、隋炀帝墓、匏庐、文峰塔、梅花书院等。2014 年，中国大运河扬州段 10 处遗址、6 段河道被列入世界文化遗产。

七、广州

广州，别称羊城、花城，位于广东省南部、濒临南海。广州被称为“羊城”，还有一个神话传说。据说很久以前广州连年灾荒，一天，有五位仙人穿着五色彩衣，骑着五色羊，羊衔着六穗稻谷来到广州。五位仙人把稻谷赐予当地百姓后，便腾空而去，五只羊化为石头留在当地。

广州曾是南越国和南汉都城，岭南文化中心。秦末汉初，赵佗在岭南建立南越国，在番禺（今广东广州）建立国都，并扩建秦时南海郡郡尉任嚣建立的“任嚣城”为“赵佗城”。汉高祖十一年（公元前 196 年），刘邦派遣大夫陆贾出使南越，劝说赵佗归汉。随后，赵佗接受了汉高祖赐给的南越王印绶，臣服汉朝，成为汉朝藩属国。汉武帝时期，赵佗死后，葬于番禺，他的后代续任了四代南越王。一直到元鼎六年（公元前 111 年），南越国被汉朝所灭，汉武帝把南越国区域划分为九郡，广州被称为南海郡。三国时期，岭南属于东吴辖地，孙权将交州分为交州和广州，“广州”这个名字才开始被使用。

早在秦汉时期，广州就已经是当时比较富庶的商业贸易城市，纺织、制陶、金属冶炼等手工业兴起，也具备了一定的造船和航海技术。隋朝时期，广州成为了联结内地与海外贸易的著名港口，更是海上丝绸之路的始发港。唐朝时期在广州设立市舶使（市舶司前身）专门管理对外贸易，还在城西专设“番坊”供外商居住。

随着造船技术、航海技术的提高与海外贸易的高度发展，到唐朝时广州成为大型贸易港。特别是在唐天宝十四年（755 年），“安史之乱”爆发，唐朝战乱不息，西域被占据，丝绸之路被隔断。北方的战乱使中国的经济重心逐渐移向长江流域，广州成为全国三大商业城市之一、东西方海上交通的重要枢纽。

917 年，刘龑在番禺称帝，改广州为兴王府，国号“大越”。次年十一月改国号“大汉”，史称南汉。广州再一次成为都城，刘龑仿唐都长安大兴土木，建造大批宫殿王府，城市区域分工明确，分内城与郭城，内城又包括宫城与皇城两部分。南汉立国后，开科取士，鼓励通商贸易，国势日趋富强。南汉政权后期，统治者滥用酷刑，加重税赋，民众不堪其苦，至 971 年被北宋所灭。

两宋时期，广州的商业更加繁荣，外商云集。宋廷在广州设立提举市舶司作为外贸机构，并扩大了番坊，还设立“番学”，立“番市”，力图促进中外经济和文化交流。明朝时期，手工业作坊兴起，促进了广州商业的进一步繁荣。清朝时期曾实行海禁，但是广州的海外贸易却一直在进行。康熙时期，清廷设四口通商，到乾隆时期，关闭了其他三个，只留广州作为对外贸易港口。后来，清廷为方便管理，把海关贸易税和国内贸易税分开，设“洋货行”和“金丝行”分别经营外贸与内贸。洋货行是专门经营管理进出口贸易的商行，后来洋货行商人发展为特许行商，时称“十三行”。

尽管广州在历史上以经济贸易闻名，但它作为岭南文化发祥地也同样具有悠久的历史。新石器时期的百越文化，融合了汉文化和西方文化，逐渐形成了具有自身特色和独特魅力的地域文化。其丰富的内涵和独具一格的地方特色主要体现在粤剧、粤曲、岭南画派、岭南诗歌、岭南

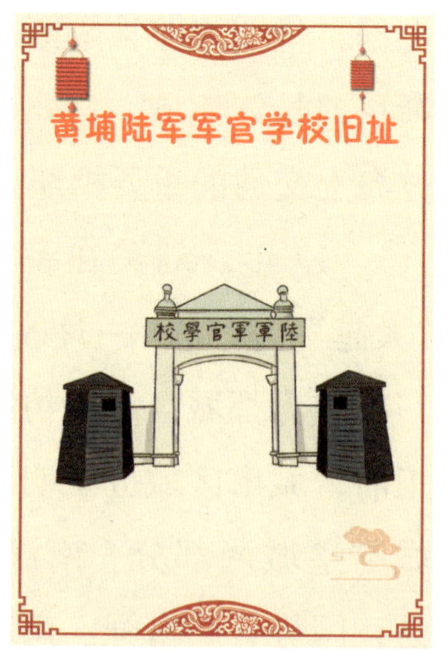

建筑园林、广府雕塑、广州彩瓷、广绣和岭南民俗等多种多样的文化艺术上。

广州还是近代资产阶级维新变法和民主革命的摇篮。康有为、梁启超在变法前曾在广州进行启蒙活动。辛亥革命前夕，孙中山领导的同盟会在广州发动了一系列反清武装起义，吹响了辛亥革命的号角。广州现有三元里平英团旧址、中山纪念堂、广州农民运动讲习所旧址、黄花岗七十二烈士墓园、黄埔陆军军官学校旧址、广州公社旧址等历史遗迹。

八、淮安

淮安，古称淮阴、清江浦，位于京杭大运河与古淮河交汇处。这片土地在上古时期属淮夷，秦始皇时期在这里初设淮阴县，后名字又有射阳、山阳等多次更改，直到南齐时，才第一次更名淮安。明代姚广孝曾经在《淮安览古》赞誉淮安："襟吴带楚客多游，壮丽东南第一州。"

春秋时期，吴王夫差为了发展吴国经济，进而北上伐齐争霸中原，便开凿邗沟，引江水北上，在淮安末口入淮河。邗沟联结了南北方交通，促进了淮安的经济发展。淮安因通达南北，成为诸侯列强争夺之地。

邗沟最初被开凿是因为军事需要，但到南北朝时期，邗沟主要被用来漕运。隋朝开通京杭大运河，促进了漕运的进一步发展，也使淮安与沿运河的扬州、苏州、杭州发展迅速，成为当时的"四大都市"。淮安还素有"七省咽喉”之称，且在漕运史上有着特殊的地位。每年淮安以南各地的粮船经由淮安末口入淮和北上，淮安以北的盐也经过淮安南运到南方各地。漕运发展最为鼎盛的时期是在北宋，那时经运河北上的漕粮达到800万石，虽然明清时期有所衰减，但仍能达400万石左右。除漕运和盐运之外，其他货运如纺织品、杂货等运输数量也十分惊人。明清两代，朝廷在淮安的板闸镇设立户部钞关，用于征收往来货船的税款，仅税款每年竟能征收多达几十万两白银。

南船北马雕塑

漕运、盐运的兴盛也促进了淮安造船业、酿造业等手工业的发展。明清时期淮安造船的数量每年可达500余艘，造酒作坊达上百家，每年酿酒耗粮更是有几十万石。此外，手工业的发展也促进了淮安的商业发展。各地的商贾在淮安城内广建会馆，开展商业活动，“市不夜息”，使淮安的饮食业也随之繁荣，最后发展成为一派菜系，也就是淮扬菜。

由于经济的发达，淮安地区的文化也日渐兴盛。淮安受汉代兴起的家学、私学，以及在宋元时期形成的府、州、县学等的影响，本土接受教育的人逐渐增多，城市居民文化程度普遍提高，也因此诞生了多位文化名人，如被列为“建安七子”之一的陈琳、“苏门四学士”之一的张耒等。在历代科举中，淮安共出文武进士 261 名，文武举人 948 名，三元与鼎甲齐全。更有北宋张耒父子四进士、杨鸿弼五子登科等，一时被传为佳话。

淮安古城由旧城、新城通过夹城连接而成，构造独特，气势宏伟，也是我国唯一的一座三座城相连的古城。旧城始筑于晋，宋代在老城外北部增筑新城，明代又筑夹城，将新老二城连为一体。现在城区仍保持了古城的格局和风貌，镇淮楼雄踞古城中心，城内有密集的河网水系将湖泊与居民街巷贯穿在一起，使古城古朴清雅，灵动自然。

九、泉州

泉州，古称刺桐、鲤城、温陵，位于福建省东南部，是福建省三大中心城市之一。泉州是古代“海上丝绸之路”重要节点、国务院首批公布的历史文化名城之一，历史上的泉州因为国际海洋贸易而蓬勃发展，宋元时成为各国商旅云集、多元文化交融的“东方第一大港”。

秦统一六国，实行郡县制，泉州属闽中郡。秦末，闽越首领无诸参加反秦起义，后来又协助刘邦灭楚，被封为闽越王，辖地改称闽越国，泉州归闽越国管理。汉武帝时废除封国，闽越国改为会稽郡。

东汉末至南北朝时，北方战乱，南方相对安定，中原汉人不断进入泉州，带来铁农具、牛耕、翻车等先进生产工具和技术，开发晋江流域。泉州的经济、文化快速发展，逐渐成为物产富庶、人烟稠密的地方。

唐朝时期，社会生产力更加进步，农业得到空前发展，泉州掀起了开垦荒地、兴修水利的浪潮。同时，当地开始大量种植桑树、苎麻，养蚕织布已经十分普遍，泉州成了当时丝织商品重要的产地之一。当时泉州的陶瓷业有了很大的发展，生产规模逐步扩大。造船业也开始快速发展，当时造船技术已经十分先进，泉州素来是造船业的集中地，这对海上丝绸之路繁荣发展起到了促进作用。泉州与海外来往密切，朝廷在此设立了专门的机构进行管理。来泉州做贸易的外国商人较多，除了大量的阿拉伯人和波斯人，印度、埃及、日本、朝鲜等国家和地区的人也来泉州进行贸易。

五代时期，为了让泉州更好地适应海外贸易的发展，当地官员开始扩建城池，增设道路和客栈，并在全城范围内种植刺桐树，使得泉州又有“刺桐城”的别称，泉州港也被称作“刺桐港”。

北宋年间，随着泉州对外贸易的进一步发展，朝廷正式设立了市舶司，专职管理与波斯、阿拉伯、日本等70多个国

家和地区有贸易往来的货船的进出口业务和税收，还设立专门的驿站来接待使节和番官。南宋时，泉州港和广州港并列为全国最大的两个贸易港，两港市舶司每年税收收入加起来，竟然可达全国总财政收入的1/20。

泉州“鲤城”一称的由来则是在元朝时期。泉州作为元朝时最大的贸易港，元代统治者十分重视它的发展，在其原来的基础上继续扩大城市的范围，并用砖将城池砌成鲤鱼形状，“鲤城”由此而来。

海上交通贸易的繁荣也推动了泉州当地造船业的发展，元代是最为鼎盛之时。据史料记载，当时泉州的海船数量高达15000艘。但是元代以后，泉州港不断淤积，致使海岸线向内移动了好几千米，港口的贸易往来也深受此影响，导致泉州港逐渐衰落，商业活动也随之减少。至此，“涨海声中万国商”的泉州港，在独领数百年风骚之后，最终落下了帷幕。

泉州因其文化繁盛，人文荟萃，还素有“海滨邹鲁”之称。泉州发达的海上交通和频繁的中外文化交流，使得当地的传统文化与海外各国的民族文化相互吸收融合，形成了自身独具魅力的文化。

泉州留存了很多历史文化遗产，其中包括市舶司遗址、德济门遗址、天后宫、真武庙、南外宗正司遗址、泉州府文庙、开元寺、老君岩造像、清净寺、伊斯兰教圣墓、草庵摩尼光佛造像、德化窑址、洛阳桥、安平桥、顺济桥遗址、江口码头、石湖码头、姑嫂塔等。

十、绍兴

绍兴，古称会稽、山阴、越州，位于浙江省中北部。绍兴历史悠久，文化厚重，享有“山清水秀之乡、历史文物之邦、名人荟萃之地”的盛誉；绍兴山清水秀，是典型的江南水乡，素有“山阴道上行，如在镜中游”“三山万户巷盘曲，百桥千街水纵横”之称。

相传大禹治水成功后，在会稽山祭祀土地神，他死后也被葬在了会稽山。春秋时期，於越民族以绍兴一带为中心建立越国。战国时期，越王允常即位后开始大肆修建城郭，开垦荒田，发展农业、手工业，一步步壮大越国的实力，并不断向外扩张。允常死后，他的儿子勾践继位，后在吴越夫椒之战中，吴王夫差大败越国，勾践乞求投降议和，遂入吴为奴为夫差喂马。勾践被释放回国后卧薪尝胆，再图霸业灭掉吴国。勾践命范蠡在今绍兴卧龙山东南麓修建了一座城市，作为国都和军事堡垒。这座城市便成为绍兴最早的城郭，俗称“小城”。后来随着越国的发展，范蠡又在小城外围筑起了一座大小城十倍的大城，称之为“蠡城”或“山阴大城”。

秦时，秦始皇东巡会稽登会稽山祭祀，刻下石碑颂扬秦德，并在此设置会稽郡，下设山阴县。东汉顺帝时期，马臻任会稽郡太守，他深入了解民情，查勘山势水源，熟悉会稽郡山水形势，最终决定发动民众修筑鉴湖。然而这项惠民工程，却给马臻惹来杀身之祸。他的继任者继续修筑鉴湖，历时十年，完成鉴湖工程。经过治理，数千顷土地得到开发，稻香阵阵。到了南朝时期，以鉴湖为中心的会稽逐步成为南方经济重镇，时有“今之会稽，昔之关中”的说法。东晋南渡，会稽接纳了大量北方移民，不仅冶铁、造纸、铜镜铸造等手工业发达，鉴湖也进入全盛时期，农业生产进一步增强。

隋唐时期，随着手工业的加速发展，丝绸业中的“越绫”、陶瓷业中的“越窑”等，都开始名噪一时。直到南

宋初，宋高宗南迁至越州，取“绍祚中兴”之意，改元绍兴元年，升越州为绍兴府，从此绍兴作为城市的名称一直流传至今。绍兴八年（1138 年），南宋正式迁都临安（今浙江杭州），绍兴作为陪都。迁都之后，宋廷在此创办学宫，仍将绍兴作为南宋的文化中心，大力支持绍兴商业和手工业的发展，因而城内商业繁荣，制茶全国第一，酿酒、丝绸也占据重要地位，绍兴也因此号为“天下巨镇”。

绍兴是一座拥有 2500 多年历史的文化古城，素称“文物之邦”，也被称作“没有围墙的博物馆”。绍兴共拥有全国重点文物保护单位 32 处，拥有国家级非物质文化遗产保护项目 20 余个。这里的文物古迹随处可见，有舜禹遗迹、越国古址、秦汉碑刻、唐宋摩崖石刻、大禹陵、兰亭、古桥群、古纤道等。这里还有鲁迅故里、沈园、柯岩风景区、蔡元培故居、周恩来祖居、秋瑾故居、马寅初故居、王羲之故宅、贺知章故居等。

十一、武汉

武汉，别称江城，位于湖北省东部、长江和汉水的交汇处，是武昌、汉阳、汉口三镇的合称。武汉水陆交通自古发达，往北可通到关中一带，往南可以达湘桂一带，往西可以到巴蜀一带，往东可以到江浙一带，因此有“九省通衢”之称。

武汉有悠久的历史，在距今3000多年的商代，这里就建有盘龙城。盘龙城是商代中期的古城遗址，它是商朝在南方的政治、军事和经济中心。经多年的考古工作，出土了大量的青铜器、陶器、玉器等珍贵遗物，发现有城垣、壕沟、宫殿基址群、贵族墓葬、铸铜手工业作坊等遗迹，展现出了遗址极高的社会等级。

武汉的第一次大发展是在东汉末年到三国时期，当时时局动荡，群雄割据，武汉因其优越的地理位置而成为兵家必争之地。那时占据武汉地区的统治者开始在此地修建郤月城和夏口城，并大力发展经济，也将武汉作为区域性的政治中心。三国东吴孙权定都鄂州后，取“以武治国而昌”之意，正式定武昌之名。但当时的武昌也与如今的武昌有所区别，古武昌是现在的鄂州市，而今武昌则原名江夏。

唐宋时期的武昌和汉阳两镇已经成为当时著名的城市，它们是长江沿线的经济重镇，也因为黄鹤楼名扬天下。“昔人已乘黄鹤去，此地空余黄鹤楼”，崔颢的《黄鹤楼》是颂扬黄鹤楼的千古绝唱，更有李白、孟浩然、白居易、苏轼等都在黄鹤楼提笔留诗。

在明宪宗时期，汉江因连年的大水而改道，长江以北的汉阳自此分出了汉口。到了明嘉靖时期，汉口借助漕运和盐运的有力带动，商业已经很繁荣，并且出现了“十里帆樯依市立，万家灯火彻宵明”的景象。但是，汉口易受汉水水患的威胁，城市的发展也因此受限。到了崇祯时期，汉阳通判袁焻在汉水北岸修筑河堤阻挡水患。水患消除之后，汉口得以飞速发展，商贾云集，茶楼、饭馆、客栈鳞次栉比。到了清初，汉口被赞誉为“楚中第一繁盛处”。随着汉口的商贸繁荣和经济飞升，武汉由双城望江迈入了三镇鼎立的时代。

清朝末年，武汉被开辟为通商口岸，英、法、德、日、俄先后在此建立租界，并在当地大规模开设洋行、工厂等。在洋务运动时期，湖广总督张之洞在这里大办洋务，创办了汉阳兵工厂等十多家近代企业，使武汉工业迅速崛起。加之武汉的航运连接内陆沟通海外，它则迅速成为近代工商业繁荣的大都会。

武汉是国家历史文化名城，有多处名胜古迹，其中著名的有黄鹤楼、归元寺、古琴台、晴川阁、长春观、洪山宝塔、古德寺、盘龙城遗址、龟山、大军山三国遗迹、明楚王墓、武汉二七纪念馆、武昌中央农民运动讲习所旧址、辛亥革命武昌起义纪念馆、武昌起义军政府旧址、八七会议会址纪念馆、武汉国民政府旧址、湖泗瓷窑址群、武汉长江大桥等。

十二、岳阳

岳阳，古称巴陵、岳州，位于湖南省东北部。岳阳的风景秀丽，集名山、名水、名楼、名人、名文于一体。历朝历代关于岳阳的名家名句有很多，唐有李白“楼观岳阳尽，川迥洞庭开”、孟浩然“气蒸云梦泽，波撼岳阳城”，宋有范仲淹的千古名篇《岳阳楼记》:“衔远山，吞长江，浩浩汤汤，横无际涯，朝晖夕阴，气象万千。”这些流传千古的诗句，印证了岳阳的独特魅力。

距今5000多年，岳阳地区的先民已开始种植稻桑，饲养禽畜，纺织制陶。在夏商时期，岳阳为云梦之野，三苗之地。西周时期，周宣王封召公于江汉，岳阳是召公的封地。周敬王时期，在岳阳修筑西麇城。春秋战国时期，楚国实力壮大，不断对外开疆拓土，将一些民众迁入岳阳，建立了罗子国、麇子国等附庸国。

西汉时期，岳阳属长沙国。到了东汉末期，孙权在岳阳建汉昌郡，鲁肃在此修建巴丘城，他在巴陵山上修筑了阅军楼，用以训练和指挥水师。阅军楼临岸而立，登临可观望洞庭湖全景，这座阅军楼就是岳阳楼的前身。阅军楼在两晋、南北朝时被称为巴陵城楼。

隋朝初期，巴陵郡改为巴州，后来又改为岳州。隋朝末年，隋炀帝连年大兴土木，对外不断用兵，繁重的徭役、兵役，使得田地荒芜，民不聊生，各地人民纷纷举兵反抗，形成了声势浩大的全国性的农民起义。北方战事不断，四方割据，各自为王。岳州校尉董景珍等人共谋起兵反隋，众人欲推举董景珍为首领，他认为自己出身低微不适合，推荐了梁武帝的后人萧铣。之后，萧铣被众人推举为湖南义军的首领。617 年自称梁王，建元鸣凤。

618 年，隋炀帝在江都（今江苏扬州）被宇文化及缢杀，萧铣称帝，国号梁，设置百官。之后，萧铣把都城从岳阳迁至江陵（今湖北荆州），修复先祖庙堂。当时的梁国西至三峡，南到交趾，北距汉水，东达豫章，兵力达到 40 万。620 年，唐高祖李渊下诏征讨萧铣，夺取多座城池。萧铣为人多疑喜欢猜忌，嫉妒比自己能力强的人，大臣旧将都很惧怕，不少人叛离。621 年，唐军兵分三路然后合兵攻打萧铣，很快直逼都城，萧铣投降唐朝后被杀。

宋代时，沿袭唐制，岳阳仍称岳州。庆历四年（1044年），滕子京因为“泾州公款案”，被不断上奏参劾，致其被贬至岳州。滕子京到任之后，不计个人荣辱得失，以国事为重，勤政为民，修筑防洪长堤，受到百姓称赞。第二年，滕子京决心重建岳阳楼，此时的岳阳楼已破损不堪，需要大规模重修。滕子京不用库银，不敛于民，而取之于“民间有宿债不肯偿者，献以助官，官为督之”，这样不但解决了资金来源，而且还得到百姓认可。

历时一年，岳阳楼修成，滕子京认为它可夺天下楼阁之首，感慨万千。滕子京为了使岳阳楼流芳百世，命人在韩愈、柳宗元、刘禹锡、白居易、张说、张九龄、杜甫、杜牧等名家的诗集中摘出咏岳阳楼的作品，刻写于栋梁间，并编成《岳阳楼诗集》。他写下了《求记书》，请人绘出《洞庭晚秋图》，请范仲淹为重修后的岳阳楼写一篇文章，于是就有了千古绝唱《岳阳楼记》。岳阳楼以范仲淹作记、滕子京重修岳阳楼、苏舜钦书写《岳阳楼记》和邵竦篆刻而成“天下四绝”。

滕子京在岳阳执政三年，政通人和，百废俱兴。“泾州公款案”最终也水落石出，经太常博士等人的调查，滕宗谅（即滕子京）所用钱数分明，并没有私吞。由于滕子京治理岳阳有功，被调任苏州知州。他重修的岳阳楼，此后成为岳阳的一张名片。

岳阳是第三批国家历史文化名城之一，境内不仅拥有岳阳楼，还有众多的历史文物古迹，其中著名的有七星墩遗址、文庙、小乔墓、鲁肃墓、慈氏塔、二妃墓、柳毅井、屈子祠、张谷英村古建筑群、鹿角窑址、凌云塔、杜甫墓、岳州窑遗址、任弼时故居、平江起义旧址等。

第四章

古代文化重镇

一、长沙

长沙，古称“临湘”“潭州”，位于湖南省东部。长沙曾是汉长沙国国都和南楚国都，是湖湘文化的发源地，也是一座历经千年都没有改变城址的城市。它荟萃了古今历代的文人墨客和革命英才，是一座当之无愧的文化名城。

战国时期，长沙始建城邑，为楚国南部的经济与军事重镇。秦统一六国后，设长沙郡，为全国三十六郡之一。公元前202年，刘邦打败西楚霸王项羽，建立西汉王朝。刘邦称帝之后，封开国功臣吴芮为长沙王，辖地为秦代的长沙郡，长沙第一次成为王国都城。

西汉文帝时期，时任太中大夫的贾谊因受朝中大臣的排挤，被贬为长沙王太傅。他在过湘江时凭吊屈原，并写作《吊屈原赋》，借屈原来抒发自己被贬的怨愤之情。后来在长沙任职第三年，一只猫头鹰飞入他的房内，他又借猫头鹰抒发忧愤不平的情绪和伤感，完成《鹏鸟赋》。《吊屈原赋》和《鹏鸟赋》被后世奉为汉赋经典，贾谊因此也被视为开创汉赋先河的第一人。屈原和贾谊都有旷世之才和济世之能，但都受到朝臣的排挤和陷害而郁郁不得志，不禁令人惋惜同情。太史公司马迁在《史记》中，将屈原和贾谊并列写在《屈原贾生列传》里，长沙也被称为“屈贾之乡”。

文帝后元七年（公元前 157 年），长沙王去世，因为无子继位，长沙国被废除。长沙国是西汉时期传承时间最长的异姓诸侯国。汉景帝二年（公元前 155 年），重置长沙国，景帝封儿子刘发为长沙王。汉景帝鉴于诸侯王权位太重，将成尾大不掉之势，下诏诸侯王不能干预自己封国的政务，封国官员上至相、下至县令统由皇帝任免。诏令还减少了封国的官员人数，改变了一些官员的名称。长沙国版图缩小，长沙王的权力也被大大削弱，长沙王“唯得衣食税租，不与政事”了。西汉末年，外戚王莽废除汉朝自立为帝，建立“新”朝，刘姓诸侯王国、侯国全部被废除，长沙国也被废除了。

东汉末期，吴国占据长江中下游广大地区，长沙是吴国西陲重镇。隋唐时期，国家的统一，使长沙进入了一个新的发展时期，它仍然是长江以南的经济和军事重镇。唐朝时，朝廷在长沙设立潭州总管府，后来改为都督府。唐朝中期，长沙的经济繁荣，人口稠密，农业发达，成为唐王朝重要的财赋地区之一。

唐朝晚期，朝廷任命马殷为潭州刺史，后来又任命他为武安军节度使，马殷逐个讨伐消灭了湖南的割据势力。907 年，朱温逼唐哀帝李柷禅位，改国号为“梁”，是为梁太祖，改元开平，定都于开封。唐朝灭亡，中国从此进入了五代十国时期。朱温称帝后，封马殷为楚王。927 年，马殷自立为帝，建立楚国，以潭州为都城，改名长沙府。马殷注重发展农业生产，丝织业大盛，与周边王国贸易往来兴盛，长沙成为“黔粤咽喉，荆豫唇齿”。马殷死后，五个儿子争权不断，国势急剧衰落。951 年，南唐派兵攻下长沙，南楚灭亡。

长沙有名胜古迹多处，其中数马王堆汉墓和走马楼三国吴简最为出名。马王堆汉墓是汉初长沙国丞相利苍及其家族的墓葬地。在这座墓葬里面发现了 3000 多件文物，还有一具保存了 2000 多年的完整湿尸。其中素纱禅衣和 T 字形彩绘帛画被列为国宝级文物，对于研究汉代文化、科技等具有重要价值。走马楼三国吴简是在一口古井中出土的 14 万余枚三国孙吴纪年简牍，涉及三国时期当地的政治、经济以及人们生活的方方面面，甚至再现了当时的社会生活。这些简牍的发现，与安阳殷墟甲骨的发现具有同等重要的意义。

长沙作为近代革命的发祥地之一，有大批仁人志士投身于民主革命事业。戊戌六君子之一的谭嗣同曾和梁启超等在长沙开展维新变法活动，死后葬于家乡浏阳；辛亥革命领导人黄兴等在长沙成立华兴会，起义推翻清政府，后又与孙中山组建中国同盟会，领导黄花岗起义和武昌起义；更有青年时期的毛泽东到长沙求学，开展革命活动，领导秋收起义，开创“农村包围城市，武装夺取政权”的革命道路，领导人民建立新中国。

长沙是首批国家历史文化名城之一，历史文化古迹比较多，其中著名的有：天心阁、白沙古井、开福寺、贾谊故宅、马王堆汉墓、船山学社旧址、橘子洲、岳麓山、麓山寺碑、黄兴墓、岳麓书院、刘少奇故居、杜甫江阁、古麓山寺、云麓宫、北津城遗址、长沙窑遗址、走马楼简牍、禹王碑、陶公庙、浏阳文庙等。

二、大理市

大理市，是大理白族自治州的首府，地处云南省西部、大理白族自治州中部、苍山之麓、洱海之滨。大理是古代南诏国和大理国的都城，作为古代云南地区的政治、经济和文化中心，时间长达500余年。

《史记》记载，公元前278年，楚国派大将庄蹻带兵到达滇池地区征服当地人，后来因归路被秦国所断，就在当地建立了滇国。元封二年（公元前109年），汉武帝出兵征讨滇国，滇王拱手降汉。汉武帝在当地设立郡县，在大理置叶榆县，隶属益州郡。

至唐时，在大理地区有六个较大的部落，被称为“六诏”。位于南边的蒙舍诏崛起，并在唐朝的支持下吞并其他部落，建立了南诏国。779年，南诏王迁都羊苴咩城（今云南大理市西北）。五代时，郑买嗣灭南诏建大长和国。

后来，赵善政灭大长和国建大天兴国。930 年，杨干贞灭大天兴国，建大义宁国。大长和国、大天兴国、大义宁国均以羊苴咩城为国都。杨干贞在位时，治国无方，民间反抗不断。937 年，通海节度使段思平联络滇东“三十七部”，攻破下关，接着攻占羊苴咩城，灭了大义宁国，建立了大理国，仍定都羊苴咩城。段思平当政后，进行了一系列的改革，人民得到休养，经济快速恢复和发展。同时，大理国还与宋朝保持臣属关系。

宋哲宗时期，权臣高升泰逼大理国君段正明禅位，自己登基称帝，改国号为“大中国”。高升泰临终前留下遗命:“我之立国，以段氏之弱。我死，必以国仍还段氏。慎勿背我。”其子将王位还给段氏，恢复大理国。1244 年，蒙古出兵远征大理。1253 年，大理国灭亡。大理国历经 316 年，22 位皇帝，其中有 9 位皇帝在崇圣寺出家为僧。后来，忽必烈置云南行省于中庆（今云南昆明），自此，云南的政治、经济、文化中心由大理转移到昆明。

南诏国和大理国统治时期，大理与中原王朝交流密切，并不断学习中原文化和技术，使得大理的文化经济发展迅速。其中太和城是南诏国前期的都城，在城内有一座南诏德化碑，记录着当时南诏王的功绩以及与唐王朝的友好往来，还有对南诏经济政治的相关记载，也是后世研究南诏历史的重要依据。崇圣寺三塔始建于南诏时期，近代在维修三塔时，在塔基内发现了大量佛经和佛像等文物，这是迄今为止发现南诏国和大理国文物最为丰富的一次。

明清时期是大理经济文化的繁荣时期，大量汉民来到大理，与当地白族人通婚，并带来中原的技术与文化，更促进了农业、手工业和教育业的发展。在大理，地方官员先后主持创办了龙关、玉泉等 12 座书院，培养了大批文人学者。他们撰书刻碑，修撰方志，积极弘扬大理古文化，使大理享有“文献名邦”的美誉。

大理白族特有的民族文化，如鸡足山朝山会、葛根会、三月街、绕三灵等各种节庆活动，也是大理文化的重要组成部分。而且大理的秀丽风景也处处体现着独属于大理文化的魅力，如有赞美苍山洱海的诗句、饱含美好愿望的玉带云传说等，更有关于下关风、上关花、苍山雪、洱海月等引人入胜的故事传说。

三、曲阜

曲阜，古称鲁县，曾是商朝前期的国都“奄”，到了周代则是鲁国的国都，隋朝时期才正式有“曲阜”之名。这里也是至圣孔子的故乡，素有“孔孟之乡”“礼仪之邦”“东方圣地”等美称。复圣颜子、述圣子思也都出生于曲阜，因此曲阜是当之无愧的“圣域贤关”。

周代鲁国是周武王的弟弟周公旦的封地。周公辅佐周成王，主张以礼治国，并将周礼制度带到鲁国。他将周礼融入鲁地本土文化之中，对原来鲁地的风俗和礼仪进行了一场改革，形成以周礼为核心的鲁文化。周公旦死后，周成王为表彰其功绩，特许鲁国可以用天子礼乐祭奠周公旦。《史记·鲁周公世家》记载：“成王乃命鲁得郊祭文王。鲁有天子礼乐者，以褒周公之德也。”鲁国有仅次于周天子的礼乐器物和史册典籍，甚至在礼仪规格上，与周天子是同一级别的。“周礼尽在鲁矣”，不仅鲁国是当时周朝东部的文化代表，其都城曲阜也成为鲁国的文化中心，更是当时各国大夫学士学礼问礼的必到之处。

周礼在曲阜的兴盛也带动了当地文教的发展，使得鲁国的文教在各诸侯国之中一直处于领先地位。鲁国建造了当时诸侯国中最早的泮宫，用以发展文化教育，并引得各诸侯国争相效仿，纷纷兴建学宫，培养学士。在春秋末期，更有孔子创办私学，聚徒讲学，传授六艺，使鲁国一跃成为当时的教育中心。

孔子，名丘，字仲尼，30 岁时就博学多才，学富五车，是当地有名的学者，后收徒传道授业解惑，开创了私学的先河。孔子年轻时周游列国宣传治国主张但却未得重用，年老之时便回到鲁国，集中精力从事教育和文献整理。孔子弟子三千，他一生的主要言行学问被后世弟子整理成册，编著为《论语》一书，成为儒家学派的经典。

公元前 479 年，孔子病逝，被葬于鲁城北泗水岸边（今山东曲阜）。当时，孔子的弟子为其服丧三年，还从各自的家乡带来一些树苗栽植在孔子墓旁，以寄托哀思。孔子之后，其子孙围绕孔子墓接家而葬，历经多年逐渐形成了孔氏家族专用墓地——孔林。

公元前 278 年，秦军攻破楚国都城郢。公元前 241

年，楚顷襄王迁都寿春（今安徽寿县）。秦国在西边的步步紧逼，使楚国不断丢失疆土，于是楚国把目光瞄准了鲁国。公元前 261 年，楚国讨伐鲁国，攻取徐州（今山东滕州）。公元前 256 年，鲁国被楚国所灭，始设鲁县。汉景帝时期，改封淮南王刘余为鲁王，以鲁县为国都。至隋朝时，隋文帝因《礼记》中有“鲁城中有阜，委曲长七八里，故名曲阜”，下诏改县名为曲阜。

曲阜三孔的影响最大，其文化遗产丰富多样，对于研究我国古代祭祀礼仪和墓葬制度具有重要的价值和意义。“三孔”是指孔庙、孔府和孔林。孔庙又叫阙里至圣庙，是祭祀孔子的庙当中最早建造且规模最大的一座。除了祭祀之外，孔庙还有汉以来的历代碑刻 1000 多块，以及大量书画牌匾等文化遗存。孔府又叫衍圣公府，是孔子嫡系子孙世代居住的府第。因其是历史最悠久、规模最宏大、保存最完整的衙宅合一的贵族府第，有“天下第一家”的美称。而居住在孔府的人则要负责看管孔子遗物、管理府内档案和祭祀孔子。孔林又叫至

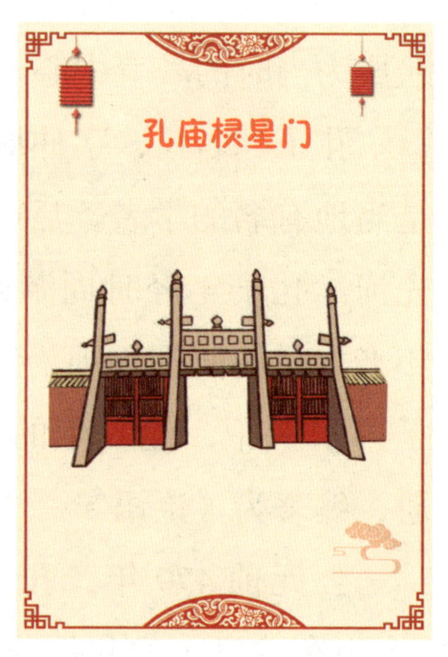
孔庙棂星门

圣林，是世界上延时最久、规模最大、保持最完整的家族墓地。埋葬孔子直系子孙已有 70 多代，墓园内碑碣众多，有墓碑 4000 多块，是我国著名的碑林。

四、延安

延安，古称肤施、高奴、延州，位于陕西省北部、黄土高原的中南地区。延安是中华民族重要的发祥地，黄帝曾居住在这一带，死后被安葬在黄陵桥山。延安是革命圣地，党中央和毛泽东等老一辈革命家在这里生活、战斗了13年，领导了抗日战争和解放战争，培育了延安精神。

4500年前，延安已经有了人类文明和城市。在延安市芦山峁，考古工作者发现了房址、灶址、夯土城墙等遗迹，出土了大量陶器、石器、骨器、玉器等文物。在芦山峁遗址的核心区，有三座高等级的大型建筑，排列有序，具备中国最早宫城的雏形。商周时期，延安地区属于鬼方，春秋时期又成为白翟部部族的居住地。战国时期，延安属上郡，为魏国领土。秦惠文王时，魏国纳上郡十五城予秦国。此后，秦国在延安一带设置高奴县。

西汉时，为了抵抗匈奴的侵扰，朝廷多次募民迁徙塞下，屯田筑城。汉武帝一面派兵打击匈奴，一面迁徙百姓实边，巩固边防。公元前 120 年，朝廷迁徙 70 余万人充实上郡、陇西等地。此后，还在“上郡、朔方、西河、河西开田官，斥塞卒六十万人戍田之”。大量的移民和戍卒开辟耕地，种植谷物，使延安一带的农业、经济得到空前发展，以至人称这里为“新秦中”，也就是说这里的富庶程度不亚于关中平原。

到了东晋十六国时期，匈奴在延安地区建造丰林城，进一步强化其军事要塞的地位。而且唐宋时期，延安又是中原抵御外敌的军事重镇，范仲淹曾驻守延安，为防止西夏军队的入侵，守卫疆土，他下令加固城池，操练军士，将延安地区强化成一道坚固的防御壁垒。

而在近代的 1935 年 10 月，红军完成二万五千里长征胜利到达陕北。1937 年 9 月，陕甘宁边区成立，首府为延安。从 1937 年到 1947 年，延安一直是中国共产党中央委员会的所在地，是指导中国革命的中心，是领导中国人民进行抗日战争和解放战争的司令部和总后方。抗战时期，面对国民党的经济封锁和军事包围，毛主席领导延安人民开展“大生产运动”，艰苦奋斗、自力更生，保证了抗战的最终胜利。中国共产党在延安进行长期革命斗争所形成的优良传统和作风，凝结成永垂不朽的红色延安精神，也一直影响着后世之人。

延安现存革命旧址和革命烈士陵园 100 多处，其中以凤凰山麓、枣园、杨家岭、王家坪、南泥湾等革命旧址最为出名，被列为全国重点文物保护单位。除了众多革命遗址，延安还拥有黄帝陵、壶口瀑布等历史遗迹和自然景观，窑洞、陕北秧歌、安塞腰鼓等也都具有浓郁的黄土高原历史风情。

黄帝陵是中华始祖轩辕黄帝的陵墓，自汉代以来，历代统治者每到清明便会派专人到此祭祀。黄帝陵祭典是中华民族最为隆重且重要的祭奠先祖的活动，也是一项国家级非物质文化遗产。宝塔山上的延安宝塔始建于唐代宗年间，距今已有 1200 多年，现已成为延安的标志和象征。

五、成都

成都，别称锦城、蓉城，位于四川省中东部。成都自古就为西南重镇，是巴蜀文化的发源地，有2300多年的建城史。成都在三国时期为蜀汉都城，五代十国时期为前蜀和后蜀的都城，因为农业、手工业兴盛和文化的发达，成为历代西南地区的文化、政治和经济中心。

成都的建城史要追溯到古蜀国时期。古蜀国最开始是由一个名为“蜀”的部落联盟发展而来的。李白曾在《蜀道难》中写到“蚕丛及鱼凫，开国何茫然”，这里的蚕丛就是蜀王，后蚕丛传位柏灌，柏灌传位鱼凫。关于蚕丛和鱼凫的记载在史籍中只有寥寥几笔，最著名的蜀王则是杜宇和开明氏。

杜宇教民务农，功绩卓著，但其在位期间时常有水灾发生。杜宇的丞相开明氏主抓治水，且十分成功，杜宇便效仿尧舜禹，将王位禅让给开明氏，自己则隐居起来，死后化为杜鹃鸟。开明王朝在古蜀国历时 300 余年，是古代巴蜀历史上的重要时期，且这一时期的古蜀国经济发达，国力强盛。后来，开明后世徙治成都，取周太王从梁山迁岐山“一年成邑，二年成都”之意，定成都之名。

在古蜀国之后，又有三国时期的刘备在成都称帝建立蜀汉，五代十国时期的王建称帝建立前蜀、孟知祥称帝建立后蜀。五代后蜀时期的孟昶在成都城墙上遍植芙蓉，后人沿袭这一习俗，遍地栽种芙蓉树，深秋花开时犹如锦绣，成都因此被称为“芙蓉城”，而成都“锦城”的由来则是因为蜀锦。西汉时期，成都的织锦业已经十分发达，是全国的织锦中心，后又设有锦官专门管理这一行业。而且随着蜀锦工艺的进一步提高，成都的锦缎驰名中外，成为南方丝绸之路上的重要商品，而后成都也便有了“锦官城”或“锦城”的称呼。

望江楼

蜀地文化发展最为繁盛的时期是在西汉。当时有一位名叫文翁的人，他在蜀地积极倡导办学，发展教育，对促进蜀地的文化发展做出了重要贡献。在汉景帝末年，文翁担任蜀郡太守，他深感蜀地虽然经济繁盛，但是文化和教育事业相对落后。文翁为了改变这一状况，采取了两项措施：其一，他挑选出优秀的郡县小吏 18 人，先亲自教导，然后将他们送到都城长安求学，回来之后又委以重任；其二便是拨出经费设立学宫，并免除入学者的徭役赋税。因此进入学宫学习的人越来越多，蜀地的重学风气日渐浓厚，涌现出大量的杰出人才。

文翁兴教之后，成都地区的文化日趋繁荣，“自古诗人例到蜀”，成都成了文人墨客向往的地方，他们在这里创作出不少传世之作。西汉时期的成都“文章冠天下”，尤以汉代双星——司马相如和扬雄最为出名，他们是西汉文学创作中成就最高的两位作家。

文人的到来不仅带动了成都文学的发展，而且使成都的音乐、舞蹈、戏剧、绘画等都得到了发展。成都是川剧的发源地之一，自古就有“蜀戏冠天下”之誉，而且成都绘画也在唐宋时期名噪一时，当时成都城内的壁画数量和质量被称为“天下第一”。

六、敦煌

敦煌，又称沙州、沙都，位于甘肃省西北部、河西走廊最西端。敦煌是一座古老而神秘的城市，它是文化艺术宝库莫高窟的所在地，是古代丝绸之路上的重镇，也是享誉国际的敦煌学发源地。

敦煌灿烂的历史文化、独特的沙漠风光，使其充满了迷人的魅力。敦煌古称沙州，在汉武帝时期并入西汉版图，后取“盛大辉煌”之意，更名为“敦煌”。汉时丝绸之路的开通，使敦煌成为沿路的重镇，它地处东西交通要冲，扼据阳关和玉门关两关，成为中原与西域相连接的重镇，也是中西文化交流的枢纽。东汉时期，置西域副校尉，治所设在敦煌，它成为东汉统辖西域的军政中心。

唐时的敦煌最为兴盛，在这一时期，敦煌会聚各国商人，络绎不绝的骆驼商队和旅人不仅带来了经济的繁荣，更呈现了一场异彩纷呈的文化盛宴，尤其以佛教文化最为兴盛。敦煌的佛教文化，则凝聚在莫高窟。

敦煌莫高窟俗称“千佛洞”，始建于前秦宣昭帝苻坚时期，创始者为乐僔和尚。后历经隋、唐、五代十国、西夏、元等朝代，规模不断扩大，尤其以唐代为盛。据史料记载，至武周时期，壁崖之上层层叠叠，已有“窟室一千余龛”，以至于到了五代十国时期，出现了无处可以造新窟的情况，便只能以旧窟改造翻新为主。据统计，石窟之中藏有彩塑2400多身，壁画4.5万多平方米。虽千百年来因自然和人为因素，不少洞窟遭到破坏，但它仍是当今世界上规模最大、保存最为完整的佛教文化艺术宝库。

1900年5月26日，莫高窟道士王圆箓偶然发现了一间密室，里面藏有各种文献资料，后这间密室被称为“藏经洞”。当时的清政府腐败无能，几万件文献资料在几年内就被英国、俄罗斯、日本等国家利用各种非正常手段带至海外。藏经洞的发现和文献的外流，引起了国内外学者对于敦煌的极大兴趣，使得研究敦煌“藏经”的现象风靡一时，不仅在国内设立“敦煌艺术研究所”，甚至在国际学术界逐渐形成一门学科——敦煌学。后来慢慢发展，敦煌学则成为以研究敦煌藏经洞文献和莫高窟佛教艺术为主要内容的地域文化学，并形成了一套完整体系，下分敦煌理论、敦煌石窟考古、敦煌艺术、敦煌遗书、敦煌石窟文物保护五个分支。

敦煌的神秘魅力不仅吸引了中外学者，更是吸引了数不尽的中外游客来此一览。莫高窟壁画中的佛教故事画、神话题材画和佛教史迹画等被今人引用到各种艺术创作之中，使得更多的人想要亲身体会这些壁画的魅力所在。地处千年戈壁而不会干涸的月牙泉和有五种颜色沙子的鸣沙山则是敦煌独特沙漠风光的代表，同莫高窟一样，对游客具有强大的吸引力。

七、昆明

昆明邻近滇池，四周青山围绕，四季如春，被称为“春城”。昆明还是古滇国的都城，是滇文化的发源地。在抗战时期，昆明成为当时的战略大后方、文化教育中心和对外交通枢纽。

战国时期，楚将庄蹻入滇，并且与当地滇族部落共同建立了滇国。庄蹻入滇，将楚国和中原优秀的文化和技术带入滇国，并与当地文化融合，孕育出独具特色的滇文化。元封二年（公元前 109 年），汉武帝出兵征讨云南，滇王降汉，昆明才随云南被一起纳入西汉版图。

唐朝南诏国时期，南诏国君主为向东开辟领土，前往昆明地区巡视之时，盛赞此地环境优美、水土肥沃，适合养民，便命人在昆明建造城池，称为“拓东城”，并设立为南诏国的东都。大理国时期，拓东城被改称为鄯阐城。大理国的统治者在昆明兴修水利，进一步扩大其范围，还大力发展鄯阐城的经济和文化，使其逐渐成为滇中的繁华城市。

明朝航海家郑和是昆明人。明军平云南之战时，郑和被明军所掳，然后随军至南京，入宫服役，后来被调入燕王朱棣府邸当差。1399 年，燕王朱棣发动靖难之役，郑和在靖难之役中有功劳，被赐姓“郑”。

郑和具备军事才能，并且得到皇帝朱棣的信任，被任命为下西洋的正使太监。永乐三年（1405 年），朱棣命郑和率船队出使西洋。郑和七次下西洋，远航西太平洋和印度洋，拜访了 30 多个国家和地区，最远到达非洲东岸、红海海口。

在清顺治时期，吴三桂受封平西王入滇，他以云南为据点，圈占土地扩大其封地范围，并建造王宫。在康熙削藩之时，吴三桂在昆明出兵造反，最终以失败告终。

在近代中国抗日战争时期，昆明成为抗日的大后方。国民政府迁都重庆后，学校、工厂、银行等相继搬迁到昆明，不仅带动了昆明城市的经济发展，还推动了昆明的工业化进程。在抗日战争全面爆发的第二年，北京大学、清华大学和南开大学迁到昆明，成立“国立西南联合大学”。西南联大在昆明的八年时间里，培养了众多的优秀学生，他们后来成为学界的中坚力量，也直接促进了云南的近现代教育事业的发展。

“春城无处不飞花”，简单七字描绘了昆明四季如春的美丽景色。昆明不但自然景观优美，历史文化遗迹也数不胜数，其中出名的有昆明石林、云南陆军讲武堂旧址、聂耳墓、太和宫金殿、筇竹寺、抗战胜利纪念堂、国立西南联合大学旧址、真庆观、地藏寺、金刚塔、石龙坝水电站、石寨山古墓群、马哈只墓碑、安宁文庙、王仁求碑、曹溪寺等。

八、商丘

商丘，别称砀郡、梁郡、宋州，位于河南省东部。商丘被认为是商王朝的发源地，是商人始祖契的封地，还是孔子的祖籍地、庄子的故里、墨子的诞生地。

早在旧石器时代，三皇之一的燧人氏在商丘发明了钻木取火，成为人工取火的第一人，结束了人类茹毛饮血的时代，被后人称为“火祖”。史料记载，契协助禹治水有功，舜封他于商。契带领百姓从很远的地方取来火种，并置于事先堆好的土丘上，再在上面搭一个遮雨的棚子，用来保存火种不被熄灭。他死后被葬在保存火种的土丘之上，来此悼念他的人都要往他的坟上添一抔黄土。随着悼念他的人逐渐增多，土丘也越来越大，这座土丘便得名“商丘”。后来，商丘被用作地名延续至今。

契的后裔汤灭夏前，最开始是在商丘地区设置的都城，称为“南亳”。周灭商后，周成王又封商纣王的庶兄微子启于宋，建立宋国，其都城在今商丘市西南部。秦始皇统一中国后，又在此地设置睢阳县。商丘永城芒砀山，是汉高祖斩白蛇起义的故事发生地，也是汉梁文化的发源地。汉高祖封彭越为梁王，后汉文帝又封他的次子刘武于大梁，史称梁孝王。后来刘武迁都到睢阳，死后葬在芒砀山上。永城芒砀山汉梁王陵墓群是目前中国发现的年代最早、规模最大的汉墓群。其墓室顶部有一幅精美的大型彩色壁画，被称为“敦煌前之敦煌”，这对于研究汉代前期的壁画艺术具有重要的指导意义。

商丘自古还有“文雅”之风。春秋时期，孔子带领弟子从鲁国来到宋国，在商丘城东北角的一棵大檀树下讲学。后梁孝王在位时，广招天下名士会聚商丘，并在孔子曾经讲学的地方建起亭台楼阁，供文人墨客聚会、吟诗作赋。当时的汉赋名家司马相如曾来到商丘，并在此留下许多脍炙人口的名篇。唐宋时期的许多名家、大家都曾寓居商丘，如李白、高适、杜甫、颜真卿、范仲淹等，因此才有了“梁园宾客甲天下，流寓商丘皆巨人”之说。

商人、商品、商业的来历也与商丘有关。据史书记载，契的后裔相土和王亥分别发明了马车和牛车，大大方便了人们的日常出行。当时商丘的居民最先在部落内部进行物品交换，后来渐渐向外部部落发展，最初就是王亥驾着牛车，运载着物品，带领族人们到其他部落进行物品交换，形成了最初的商业交换模式。后来，其他部落因为他们是商地之人，便称他们为“商人”。随着历史的发展，“商人”渐渐成为买卖人的代称，交易的物品也被称为“商品”，“商业”一词也随之诞生。后世便将王亥称为“华商始祖”，并建立商祖祠来纪念王亥。

商丘的历史悠久，文化灿烂，遍布历史人文景观，其中著名的有商丘古城、宋国故城、木兰祠、应天书院、芒砀山、古梁园、壮悔堂、阏伯台（又叫火神台）、商祖祠等。

九、张掖

张掖，古称甘州，位于甘肃省西北部、河西走廊中段。张掖同武威和敦煌一样都是古丝绸之路上的重镇，不仅经济发达，文化也比较繁盛。张掖因地处河西走廊平原，水源充足、土地肥沃，物产极为丰富，素有“塞上江南”“金张掖”之称。

张掖在汉武帝时期被并入西汉版图，汉武帝取“断匈奴之臂，张中国之臂掖，以通西域”之意，设置张掖郡。

丝绸之路开通后，张掖成为其沿线的重要城市。中西客商在张掖聚集，将各国文化带到张掖，使得张掖的文化和经济迅速繁盛起来，一度成为丝绸之路上经济文化交流的枢纽。后来在张掖任职的各朝官员，因张掖独特的自然资源和丰富的物产资源，纷纷大力发展农业，进一步带动了张掖的经济发展，使张掖成为一块富饶的宝地。

东晋时期，匈奴贵族沮渠蒙逊扶持段业建立北凉国，以张掖为都城，后又杀段业自称凉王。沮渠蒙逊在位时，广招贤才，广纳谏言，并大力发展农耕，使得北凉国力强盛，曾一度统治整个河西走廊。

在西魏时期，西域的商队会聚张掖，在此进行贸易，有些商人甚至可以使用东罗马和波斯的钱币在张掖进行交易，张掖也因此成为显赫一时的国际贸易城市。隋唐时期，张掖的经济发展达到鼎盛，尤其是在隋炀帝西巡张掖时，亲自召集并接见了西域二十七国的君主和使臣，举行了盛况空前的“万国博览会”。此后，张掖的经济贸易日益繁荣，在当时的贸易中占据了非常重要的地位。

频繁的贸易往来，走南闯北的商贾，为张掖带来了不同文化的交融。西夏建国后，统治者为加强和巩固统治，提倡佛教，使得佛教文化大为兴盛。创建于西夏时期的大佛寺，是河西走廊地区现存规模最大、保存经卷最多、文物最为丰富的佛寺之一。寺内的释迦牟尼涅槃像是中国最大的室内卧佛涅槃像，它和被

临松山马蹄寺石窟群

誉为“中国珍宝，张掖金经”的明正统初期用泥金书写的558卷经文，并称为大佛寺的镇寺之宝。

临松山马蹄寺石窟群与敦煌莫高窟一样，都是丝绸之路上的重要文物古迹。北凉国的沮渠蒙逊在临松山大规模开凿石窟，发展佛教，开凿了马蹄寺、观音洞、金塔寺等石窟群。其中金塔寺的泥塑飞天保存完好，是难得的艺术珍宝。

十、拉萨

拉萨，别称逻些，藏语中的意思为“圣地”“佛地”，位于西藏高原中部，是西藏文明的发源地之一。拉萨因年均日照在3000小时以上，阳光充足，成为著名的“日光城”。拉萨这座位于世界屋脊的神秘城市，以其独特的魅力吸引着中外游客踏上这片神圣的土地。

说起拉萨，就不得不提一位对拉萨发展影响深远的历史人物——松赞干布。相传松赞干布在平息叛乱、统一全藏的过程中，路经拉萨，见此地群山环绕、地势平坦、水源充足、雄伟壮观，还有红山等山峦突起，是一个开创大业的好地方，便产生了迁都这里的想法。在他实现一统西藏高原的大业、建立强大的吐蕃王朝之后，便命人在此地兴建宫殿、寺庙、民舍，改河修道，建立城邦，建立了拉萨城最早的雏形。松赞干布的先祖曾在红山隐居修行，所以松赞干布决定在红山建造宫室，用作王宫。因此，拉萨才成了古代西藏的政治、经济、文化和宗教中心。

松赞干布在红山上建造的宫室就是布达拉宫，因此红山也被称作布达拉山。后来，布达拉宫遭受雷击而引起火灾，又在吐蕃王朝末年毁于战乱。之后被重建，建成红宫和白宫，形成“红宫居中、白宫在两翼”的红白相间的格局。布达拉宫内装饰有壁画，内容也基本上是佛教故事，并配以藏文说明。布达拉宫是一座艺术博物馆和文化宝库，为后世研究西藏历史和佛教文化艺术提供了重要资料。

据记载，松赞干布在定都拉萨后，先是迎娶了尼泊尔的尺尊公主，后又向大唐请求通婚，迎娶文成公主入藏。文成公主入藏，不仅为藏族地区的百姓带去了中原先进的农耕技术，还将中原优秀的文化带入了西藏，包括医药、历法等。文成公主又协助松赞干布设计用羊驮土建造了大昭寺，用来供奉释迦牟尼 8 岁等身像，还修建了小昭寺来供奉释迦牟尼12岁等身像。而拉萨的又一古称“惹萨”也与大昭寺有关，“惹”在藏语中是“山羊”的意思，“萨”是“土”的意思。后来随着佛教的兴盛，人们把这里视为圣地，才有了“拉萨”的名称，并沿用至今。

除了布达拉宫和大昭寺、小昭寺，拉萨还有著名的格鲁派三大寺——甘丹寺、哲蚌寺、色拉寺。甘丹寺为藏传佛教格鲁派首寺，寺内藏有无数珍贵的历史文物，其中以乾隆盔甲和唐绣最为出名。甚至后来逐渐衍生出“甘丹唐绣节”，在每年藏历的元旦展示24幅绣有十六罗汉和四大天王等的唐代绣花丝织品，为期3周。哲蚌寺为藏传佛教最大的一座寺院，曾为西藏佛教培养出大批佛学人才。色拉寺是全国重点文物保护单位，寺内藏有明永乐皇帝颁赐的藏文刻本大藏经。

十一、歙县

歙县，位于安徽省南部黄山市，这里是徽商的故里、徽派文化的发源地。从唐至清，歙县一直都是徽州的政治、经济和文化中心，也被誉为“东南邹鲁”“文化之邦”，还有“中国徽墨之都”“中国歙砚之乡”的美称。

一

提到四大古城，我们就会想到安徽徽州古城，至于这座古城的具体所在地，却不太被人所熟知。歙县，长期作为徽州的政治中心，徽州古城自然坐落在这座历史文化名城。徽州古城又名歙县古城，始建于秦朝时期。徽州古城是徽派建筑的典型代表，曾获中国建筑

行业工程质量最高奖——“鲁班奖”。古城内的古巷、古塔、古牌坊已成为徽州古城的文化符号，不断吸引着中外游客前往。

作为“中国徽墨之都”，歙县所生产的墨曾被南唐后主李煜视为珍宝。相传，河北易州的墨工奚超为躲避战乱逃到了歙县，利用黄山的松树和新安江的江水，重操旧业再次制起了墨。后因徽墨被李煜视为珍宝，制墨的奚氏也被赐予国姓李。在北宋年间，甚至有了“黄金易得，李墨难求”的说法。文房四宝中除了墨，歙县最为出名的当数歙砚。歙砚又称“龙尾砚”，是我国四大名砚之一，始创于唐朝时期。相传有一猎人在龙尾山得到了一块金星砚石，并献给了州官，州官将砚石精雕细刻之后献给了唐玄宗，因深得唐玄宗的喜爱，歙砚才开始名声大振。

徽墨和歙砚享誉在外，也给徽州人带去了商机。歙县人为谋求生存，不得已背井离乡到其他城市，他们在外地没有田地耕种，只能从事商业，靠倒卖货物赚钱。一开始他们还只是倒卖一些茶叶、丝绸等日常生活用品，后来见自己家乡的墨和砚是全国的热销商品，便开始想方设法倒卖这些抢手货，因此也大赚了一笔。到了明代中期，徽商的足迹遍布大半个中国，出现了“无徽不城镇”的局面。据传，在清乾隆时期，乾隆南巡时曾经亲自接见过当时全国的八大巨商，其中有四个都是歙县人，因此说当时的歙县徽商把持着清朝半个商业帝国也不为过。

在古代，人们一旦有了钱，便想着功与名，那些腰缠万贯的徽商也不例外。但是封建社会重农抑商，使得这些徽商不能考取功名，也就没有很高的社会地位，所以他们只能依靠其他方式来提高社会地位。他们选择积极参与家乡建设，给家乡歙县投入重金修桥铺路，广办学堂，资助贫苦学子和文人，让同乡的同胞们考取功名，以此来提高他们的社会地位。徽商们的这一做法不仅使得自己受益，更是带动了歙县的文化教育发展，使得重视文教的风气在歙县越来越浓。以至于歙县境内书院林立，私塾学堂遍布乡镇，形成了“十户之村，不废诵读”的文化繁荣景象，徽州也因此有了“东南邹鲁”的美称。

教育的兴盛也带动了文化的发展，程朱理学的创始人朱熹、程颢、程颐的故里均在歙县，也可以说歙县就是程朱理学的发源地。除了程朱理学，还有新安理学、皖派汉学、新安画派、徽派篆刻、徽派四雕、徽派建筑、新安医学等徽派文化皆发源于歙县。

第五章

著名战役发生地

一、济南

济南，别称泉城、齐州、泺邑，位于山东省中西部。济南是因地处古四渎之一的“济水”之南而得名。在9000年前，就已有先民在济南繁衍生息，这里也是龙山文化的发祥地之一。济南素以泉水众多、风景秀丽而闻名天下，拥有“七十二名泉”，享有“天下第一泉”和“四面荷花三面柳，一城山色半城湖”的美誉。

殷商时期，少昊的后裔在济南一带建立了谭国。周取代了殷商之后，武王再封谭子为诸侯、子爵。春秋战国时期，齐国公子小白出亡时，欲到谭国，谭国国君不予接待。后来，小白回国即位，即齐桓公，谭国也没有派人祝贺。公元前684年，谭国被齐国所灭，谭国国君流亡到莒国。从此，济南属齐国，后被改为泺邑、历下。其后，在这里爆发了著名的齐晋之战。

齐晋之战又称鞌之战，是晋国与齐国之间的一场争霸战。齐国在齐桓公之后，国力式微，面对晋、楚、秦三强，曾多次兴兵侵袭鲁、卫，欲向东方扩张势力。而在邲之战后，晋国大败导致国力衰退，这样一来则更加助长了齐国称霸东方，与晋国一比高下的野心。公元前 589 年，齐顷公率军讨伐鲁国和卫国，迫使两国派使者前往晋国求援。晋景公旋即派遣郤克、韩厥等人率兵驰援鲁、卫，最后在鞌地与齐军决战。

在决战的那一天早晨，齐顷公鼓励士兵，等消灭联军后再吃早饭，而后便直接率军上了战场，十分轻视晋鲁卫等国的联军。齐国轻敌，而晋国的将领郤克等人在战场上虽受了伤，但彼此鼓励坚持带伤战斗，极大地鼓舞了晋军的士气，最终大败齐军。齐军的惨败，不仅使得齐顷公再创霸业之梦破碎，而且打破了齐楚联盟，为晋国与其他强国争霸的道路扫清了一处障碍。

秦朝统一天下后，建立郡县制，济南属于济北郡，称历下邑。西汉时期，设立济南郡。

汉文帝时期，以济南郡置济南国，济南国辖境相当今济南市及章丘、济阳、邹平等市县。汉文帝立侄子刘辟光为济南王。公元前154年，济南王刘辟光参与七国之乱，欲夺汉景帝皇位。汉景帝派太尉周亚夫、大将军窦婴率军镇压，济南王刘辟光兵败被杀，济南国被废除，改为济南郡。

到了宋代，济南属京东路，此时它已经成为富饶之地，为中国赋税最多的地区之一。金元时期，因为在济南城北开凿了小清河，直通至海，使济南成为重要的盐运集散地，对经济发展有极大的促进作用。

济南历史悠久、人文荟萃、文化底蕴丰厚，境内留下了众多的古迹，其中著名的有齐长城、汉代东平陵故城、孝堂山郭氏墓石祠、四门塔、长清灵岩寺、仙人台邿国贵族墓地、西汉济北王陵、西河遗址、府学文庙、闵子骞墓、兴福寺、兴国寺、老舍故居、华阳宫等。

二、邯郸

邯郸，别称邺城、磁州、洺州，位于河北省南部。邯郸是著名的成语典故之都，我们所熟知的“胡服骑射”“邯郸学步”“完璧归赵”“负荆请罪”“围魏救赵”“毛遂自荐”等皆与邯郸有关。

商代早期建都于邢（今河北邢台），后迁都于殷（今河南安阳），在几百年间，邯郸一直是畿辅之地。春秋时期，邯郸属晋国，当时它的农业、手工业和商业已经比较发达。公元前 453 年，韩、赵、魏三家权分晋国，邯郸便成了赵国的领地。公元前 386 年，赵敬侯将赵国都城自中牟（今河南鹤壁西）迁到邯郸。赵国开始强大，得益于赵武灵王的军事改革。赵武灵王吸收北方游牧民族的文化融入赵国的文化之中，让赵国军士穿胡人服饰、学习骑射，并以此为中心进行了军事改革，最终让赵国国富兵强，实力强盛，很快成为一方霸主，甚至能够与当时强大的秦国相互抗衡。赵武灵王的改革，也使得开放和包容成为当时赵国文化的最显著特点。当时的赵国不仅开拓进取，还十分重视工商业发展和文化教育。邯郸是当时北方的冶铁重镇，邯郸的卓王孙等靠冶铁发家致富。重视教育是赵国兴旺发达的内在驱动力，也为赵国培养出一大批强将谋士，如“负荆请罪”的廉颇、“完璧归赵”的谋臣蔺相如、我国逻辑学的鼻祖公孙龙，以及儒学名家荀子等。

邯郸作为赵国都城曾被三次围攻，其中两次被攻克，最后一次被攻克也直接导致赵国彻底灭亡。第一次围攻邯郸的是魏国。魏国派庞涓围攻邯郸，赵国向齐国求救，齐国遂派田忌和孙膑前往支援。田忌听从孙膑建议，并未前往邯郸支援，而是直捣魏国都城大梁。魏国大部分主力军忙于攻打赵国，都城守卫薄弱，庞涓不得不回援魏都。但庞涓兵分两路，一路回援大梁，另一路则继续围攻邯郸，最终使得邯郸被攻克。后来，魏国将邯郸归还赵国。

第二次围攻邯郸的是秦国，也是唯一一次未能攻破邯郸的战役，被称为“邯郸保卫战”，此战是在长平之战后，秦国与赵、楚、魏联军进行的一场邯郸攻防战。赵国多次击退秦军的进攻，魏楚两国派大军支援赵国，最终致使秦国失去吞并赵国的最佳时机。此战推迟了秦国统一六国的进程，也使得秦国的实力有所衰退，秦国不得已改变了统一六国的战略方针，采取“远交近攻、分化瓦解、各个击破”的战略。而邯郸最后一次被攻克，则是在秦国统一六国的进程中，秦将王翦攻克邯郸，生擒赵王，最终灭亡赵国。

东汉末年，曹操击败袁绍后定都邺城。当时的邺城，就是当今邯郸市临漳县。曹操在邺城屯田安民，兴修水利，还修建了铜雀、金凤、冰井三台，使邺城成为当时较为繁盛富庶的城市之一，并吸引后赵、冉魏、前燕、东魏、北齐相继在邺城建都。至隋唐时期，邺城被焚为废墟，从此一蹶不振。

邯郸有几千年的文明史和建城史，积淀形成了悠久的历史文化和丰富的古迹遗址，其中著名的历史古迹有武灵丛台、赵王城遗址、赵王陵、白起墓、毛遂墓、铜雀台、六朝古都邺城遗址、鬼谷子祠、西门豹祠、广府古城等。

三、荆州

荆州，古称江陵、郢都、南郡，位于湖北省南部。禹划九州，始有荆州，从大禹划分九州时，荆州便已经出现了。荆州，自古以来是荆楚文化的根脉所在，先后有20代楚国君主在此定都。荆州有浓厚的三国文化，很多三国时期的历史事件都与荆州有关，如刘备借荆州、吕蒙袭荆州、赤壁之战、夷陵之战、关羽失荆州等。

楚国以荆州为都400余年，开创了春秋五霸、战国七雄的霸业。最开始楚人聚居在荆山附近，这里人烟荒芜，土地贫瘠，后经楚人长达150多年的开发经营，楚国才逐渐强盛。楚国还趁局势动乱之时，开疆拓土，从一个积贫积弱的小国成长为一方强国。在春秋时期，楚国吞并了多个诸侯国，成为疆域最为辽阔的一方诸侯国。荆州作为楚国的国都，不仅是楚文化的中心，也是当时南方的第一大都会。楚文化以青铜冶炼技术、织绣工艺、髹漆工艺、屈子诗歌等为重要表现内容，在春秋战国时期独树一帜。

在楚国灭亡后，尽管郢都遭到了毁灭性的破坏，但由于其经济和文化根基深厚，在秦汉时期又迅速恢复，并成为全国十大商业都城之一。

荆州是历代兵家必争之地，发生过的战事多达百余场，是著名的古战场。尤其是在东汉末年的三国时期，荆州是魏蜀吴纷争的聚焦点。三国的历史围绕荆州展开，改变三国局势的三场重要战争也是围绕荆州发生的。第一场战争是赤壁之战。曹操“挟天子以令诸侯”之后，欲夺取江东地区一统天下，便在赤壁布兵设防以图大业。但孙权、刘备两家联合抗曹，于赤壁之战大败曹操，使得曹操一统天下的计划失败，最终形成三足鼎立的局面。

赤壁之战后，三国历史的主要矛盾则集中到了孙、刘两家的身上，出现了“刘备借荆州，孙权讨荆州”之争。孙权一开始曾多次派鲁肃讨要荆州五郡，但是刘备却不还，最后孙权只能以武力威胁。这就是三国又一著名战役襄樊之战的发生背景。刚刚在蜀地站稳脚跟的蜀汉面对东吴的威胁。在这种情况下，镇守荆州的关羽率军从荆州出发，围攻当时被曹操占据的襄樊两城，以作为新的落脚点。但是东吴却趁荆州守备虚弱，派遣吕蒙白衣渡江奇袭荆州，最后导致关羽兵败麦城、一代名将被杀的悲剧后果。关羽大意失荆州之后，刘备的实力也被大大削弱，更使得天下三分之势完全定型。而后刘备为报关羽之仇，着急夺回荆州，执意发动夷陵之战，最后却以陆逊火烧连营、刘备惨败而结束。

到了南北朝时期，荆州又是长江流域的经济、文化和政治中心，南齐、南梁、后梁以及五代十国、南平国等都曾在这里建过都城。

荆州人文景观众多、历史遗迹遍布，著名的历史遗址有乌林古战场、华容古道、章华寺、万寿宝塔、楚纪南故城、天星观墓群、雨台山古墓群、鸡公山旧石器时代遗址、走马岭遗址、阴湘城遗址、八岭山古墓群、荆州城墙、湘鄂西革命根据地旧址群、鸡鸣城城址、太晖观、开元观、玄妙观等。

四、襄阳

襄阳，别称襄樊、襄州，位于湖北省西北部。襄樊以汉水为界分为南北两城，南为襄城，北为樊城，形成“南城北市”“南文北商”的格局。襄阳处在南北方交界地带，是四通八达的战略要地，所以它在历史上是兵家必争之地。

襄阳城始建于周朝，至今已有3000多年的建城历史。襄阳因其独特的地理位置，早在战国时期，就是楚国与中原各诸侯国交往联络的交通要道。在汉唐时，洛阳——襄阳——江陵（荆州）这一线是沟通南北的经济命脉。

自战国时期开始，襄阳便成了兵家角逐之地，数以百计的战争和历史事件在这里上演。如与楚国国宝和氏璧有关的卞和献玉、刘备三顾茅庐以及与诸葛亮的千古隆中对、关羽水淹七军的襄樊之战、岳飞收复襄阳之战、抵挡数十万蒙古铁骑的宋元襄樊之战，还有解放战争时期的襄樊战役等决定历史走向的重大事件。虽经历过百场战争洗礼，襄阳城的城墙依旧保存较为完好。

襄阳城西边有个古隆中，就是三顾茅庐和隆中对发生的地方。刘备未得诸葛亮相助之前，在各路诸侯中是实力较弱的一方。他虽然拥有关羽、张飞两员虎将，但是身边的谋士却没有可比鲁肃和荀彧的。后刘备得知隐居隆中的卧龙先生诸葛亮后，诚心诚意三顾茅庐，最终得见这位隐世高人。二人于草庐之中相谈天下局势，成为著名的“隆中对”。刘备也如愿得到了为他匡扶汉室大业鞠躬尽瘁、死而后已的谋士。

三国时期，襄阳发生过著名战役——襄樊之战，这是关羽生平打得较为得意的一场战役。刘备在汉中战败曹操后，关羽决定趁曹军新败之际，向樊城发起攻势，夺取襄阳、樊城地区。关羽留两个部将驻守荆州，亲自率大部分荆州军队，向襄阳、樊城发起进攻。关羽大军一路锐不可当，接连击破曹军防守，很快就将襄阳和樊城重重包围。

曹操见局势危急，也深知守将曹仁不是关羽对手，便加急派于禁和庞德增援曹仁。当时正逢八月阴雨连连，汉水水位暴涨，但曹军不了解襄阳、樊城的天气与地形，错误地将军队驻扎在低洼地区，这才使得关羽心中生了水淹七军之计。见汉水淹没了曹军，关羽遂命水军驾船攻击被大水围困的曹军。最终曹军死的死、落水的落水，损失惨重，大将于禁无计可施，被迫投降。

南宋初年，岳飞率兵攻打被金兵占据的襄阳，讨伐伪齐襄阳守将李成，以长枪步兵对抗李成的骑兵，以骑兵对抗李成的步兵，大败李成，收复襄阳。在南宋后期，蒙古军攻打襄阳，却遭襄阳守军抵抗长达 5 年多的时间，成为历史上最长的一次攻城战。明清时期，水路的兴起又使得襄阳的经济进一步发展，樊城沿江地带建了 20 多个码头用来水运，而且多有其他城市的商人在此建立会馆，因此襄阳成为长江流域的商品集散地，有“小汉口”之称。

襄阳历代为经济军事要地，境内现存诸多的历史文化遗迹，其中著名的有雕龙碑遗址、广德寺多宝塔、襄阳“古隆中”、襄阳城墙、襄阳王府绿影壁、米公祠、茨河承恩寺、南漳山寨群、李曾伯纪功铭、九连墩古墓群、安乐堰墓群、霸王坟墓群、楚皇城城址、邓国故址、郭家岗遗址等。

五、太原

太原，古称晋阳、并州，位于山西省中部。太原地势为“三面环山抱平原”，还有黄河第二大支流——汾河横贯全境。太原以其优越的地理位置，自古就是易守难攻、可进可退的战略要地。

西周分封诸侯时，周成王封他的弟弟叔虞于唐，后来因晋水是唐国的主要水源，便又改国号为“晋”。在春秋时期晋国北征，将太原一带纳入晋国版图。但在春秋末期，韩、赵、魏三家分晋，终结了春秋时代，开启了诸侯争霸的战国时代，成为春秋战国的分界线。此后，赵国定都晋阳，并在汾河与晋水河畔建立了晋阳古城。

秦统一六国，改设郡县，设太原郡，治所晋阳。西汉初年，刘邦将太原郡改为韩国，封韩王信为韩王，防备北方匈奴族南下。不久，韩王投降匈奴，引匈奴兵出击太原，后被汉将斩杀。汉朝废除韩国，改置代国，封刘恒为代王。文帝刘恒继位后，分代国为代、太原二国，立刘参为太原王，刘武为代王（后为淮阳王），后来合代、太原二国为代国，以刘参为代王。汉武帝继位后，废除代国，置太原郡。

西晋末年，北方建立了多个割据政权，互相攻战。太原是北方的战略要地，被反复争夺，战火不断，先后被前赵、后赵等多个国家攻占，还有北朝的东魏、北齐在晋阳定都。

隋朝结束乱世实现大一统之后，曾命李渊为太原留守。隋末，李渊在晋阳起兵，在击败其他起义军之后，因晋阳古有“唐国”之称，便以唐为国号，定都长安，以晋阳为北都，与长安、洛阳并称为三都。在安史之乱时期，在太原发生过一次保卫战。当时史思明率兵十万攻打太原，李光弼只率五千兵马迎敌。李光弼在守军不足的情况下，指挥军民深筑沟垒，巩固城防，创造了唐代的“地道战”，将地道从城内挖到城外，最终出奇制胜，以少胜多，成为平定安史之乱过程中至关重要的一场战役。

唐末五代时期，先后有后唐、后晋、后汉以晋阳为陪都，北汉以晋阳为都，一时间太原声名显赫，被称为“龙城”。宋太宗赵光义亲征北汉时，遭到太原军民的顽强抵抗，因此在攻占太原灭北汉后，赵光义一把大火烧了这座古城。就这样，曾经显赫一时的太原成为一片废墟。3 年后，又因为太原地理位置和军事防守的重要性，赵光义重建太原城。

悠久的历史给太原留下了众多的名胜古迹，其中著名的有晋祠、天龙山石窟、永祚寺、纯阳宫、崇善寺、窦大夫祠、龙山石窟、多福寺、童子寺燃灯塔、蒙山大佛、北齐娄睿墓、晋阳古城遗址等。

六、寿县

寿县，别称寿春、寿州，位于安徽省中部的淮南市。寿县是楚国的最后一座都城，有着非常丰富的楚文化遗存。寿县城郊的八公山、淝水还是著名的淝水之战古战场。

早在商朝时期，寿县就是南方诸侯的领地，周时则为州来国属地。到东周末年，被楚国吞并。战国时期，楚顷襄王被秦国攻下郢都后，被迫迁都今河南淮阳。到楚考烈王时，楚与韩、赵、魏、燕联合抗秦，联军却在函谷关被秦军大败，之后楚国又被迫迁都寿春。以荆州为中心的楚文化，随着都城的迁徙，也随之向寿春辐

射，与当地的文化相融合，形成了以寿春为中心的江淮楚文化，成为楚文化的一大分支。楚庄王时，孙叔敖在寿春主持修建了大型水利工程芍陂（què bēi）。而且历经千年风雨，芍陂至今仍可使用，它也被称为“天下第一塘”。

汉高祖时期，刘邦曾封他的儿子刘长为淮南王，建立淮南国，定都寿春。后来，刘长的儿子刘安继任淮南王时，带领他的门客编著了《淮南子》一书。《淮南子》以道家思想为主，融合儒家、法家等诸子百家学说，描绘宇宙万物形态和古老传说，记录了古代哲学和自然科学的发展，在后世成为各派学者争相研究的学术典籍。汉武帝时，刘安谋反被处死，淮南国被废除，寿春归入九江郡。

发生在寿县的淝水之战是我国古代历史上著名的以少胜多、以弱胜强的著名战役，更是决定南北朝时期动乱局面的一次大战役，而且“投鞭断流”“风声鹤唳、草木皆兵”等典故都出自这场战役。在西晋末年，社会动荡不安，形成了分裂割据的局面。南方的琅琊王司马睿在建康（今江苏南京）称帝建立东晋，并将势力扩展到长江流域。在北方，少数民族政权迭起，氐族人统一了黄河流域，建立了前秦。

前秦的苻坚在一统黄河流域之后信心满满，便开始准备统一南北。苻坚动用 87 万人马，兵分三路，水陆并进，直捣寿阳（今安徽寿县），想要一举荡平东晋。晋孝武帝派将军谢石和谢玄率兵 8 万抗击敌人，并将营地驻扎在八公山。但苻坚傲慢轻敌，只分兵 6 万攻占寿阳，且认为自己有 87 万大军，东晋必然害怕，根本没有必要动用大军攻打，只要劝降便可轻而易举吞并东晋，于是他就亲自带领八千骑兵来到寿阳。东晋的谢氏叔侄二人趁秦军主力军未到、6 万秦军还未安置稳妥之时，急派 5000 精兵趁夜奇袭，并沿淝水列阵，大军直逼寿阳。苻坚登上寿阳城观察敌情，却见晋军布阵严整，已经兵临城下，他又远眺晋军驻扎的八公山，只见山上草木似人形，便怀疑满山的“人”都是晋军，心中不免多了些忧虑。

两军在淝水两岸列军对峙，谢玄让人给秦军送信，说你让我们过河去，我们到陆地上跟你去决战。苻坚看到晋军的来信，十分高兴，便又开始自大起来，想着在晋军渡河的时候将晋军一举歼灭在河里。可苻坚没想到，他们刚一撤退，军中便有晋军的间谍大喊“晋军来了”。秦军被晋军的突然攻势搞得手足无措，在慌乱中就连听到风声鹤唳声都以为晋军真的追来了，便慌不择路，军队阵势大乱。于是晋军便真的趁势渡河，一路追击秦军。结果苻坚受伤跑路，他的弟弟苻融被杀，秦军的 87 万大军最终只剩 10 万。

五代十国时期，后周与南唐在寿州激战，后周大将赵匡胤随周世宗柴荣亲征，围困寿州数月，最终才攻下城池。宋时，为了抵御金兵入侵，对寿州城墙进行加固和重筑，历时 100 多年，几经反复而成。后来，又经历明朝、清朝多次修葺和完善。

几千年的历史激荡，在寿县的土地上留下很多历史古迹，其中著名的有孔庙、报恩禅寺、寿县古城墙、小甸集特支遗址、清真古寺、淮南古镇正阳城门、廉颇墓、汉淮南王墓等。